Aurélienne Dauguet

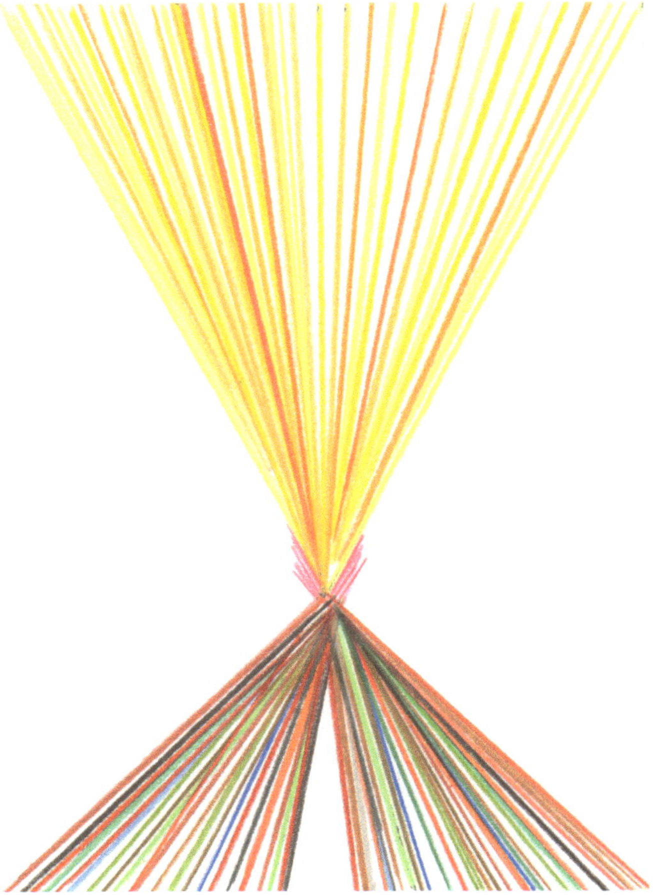

Der Blender

oder

Vom Lieben und Sterben

Aurélienne Dauguet

Der Blender

oder

Vom Lieben und Sterben

MERANO-VERLAG

Umschlaggestaltung, Illustration: Aurélienne Dauguet

Bibliografische Information der Deutschen Nationalbibliothek:

Die Deutsche Nationalbibliothek verzeichnet diese Publikation in der Deutschen Nationalbibliografie; detaillierte bibliografische Daten sind im Internet über http://dnb.dnb.de abrufbar.

© Merano-Verlag, Kipfenberg, Deutschland

Herstellung: BoD - Books on Demand, Norderstedt

ISBN: 978-3-944700-17-5 (Paperback)

ISBN: 978-3-944700-57-1 (e-book)

Inhaltsverzeichnis

DER BLENDER

ODER

VOM LIEBEN UND STERBEN

PRÄAMBEL

Die Dimensionen der Realität verschieben sich mit dem Streben neue Prioritäten zu erkunden, um sich neu zu ordnen. Alles scheint möglich, ist aber jetzt oder hier noch nicht umsetzbar. Vieles stimmt nicht mehr, jedoch hat das Neue noch keine Form manchmal sogar nicht einmal in der Vorstellung. Aus dieser Lage ergeben sich gleichzeitig eine leichte Verwirrung sowie eine überaus große Offenheit für alles, was neue Aussichten darbieten möge.

Und so kann es sein, dass eine Situation aus heiterem Himmel entsteht, die scheint alle Zweifel und Unsicherheiten der Welt im Nu aufzulösen. Alle Fragen werden beantwortet, bevor sie gestellt werden und unerfüllte Sehnsüchte erlöst. Es gibt Lösungen zu Problemen, die nicht einmal existiert haben. Lösungen, die nie gesucht und angestrebt worden sind.

Die Maya, die Welt der Täuschung per se, fällt auseinander. Sie stürzt unter dem starken Streben der Menschheit, eine neue Realität zu erschaffen, weil die alte nicht menschengerecht ist. Jeder wünscht sich doch etwas Anderes, als was er hat oder gar was er ist. Die vielen Wünsche, Projekte, Ziele und geographischen Umsiedlungen sehnen sich nach einem neuen Anfang mit mehr Erfüllung, Freiheit, Raum und Horizont, als was gegenwärtig zur Verfügung steht.

Der Mensch hat entdeckt, dass er Rechte und Ansprüche hat und dass er glücklich sein kann oder sogar sein soll. Die Absicht ist allerdings noch unscharf, die Umsetzung undeutlich, das Streben hingegen umso intensiver. Wohin mit mir? Aber wie und mit wem? Sogar die Träume, die man sich nicht gesteht, strecken ihre Sehnsüchte nach außen. Diejenigen nämlich, die noch tief im Unterbewusstsein begraben liegen und wofür die richtigen Worte noch nicht gefunden worden sind. Mit ihren geisterhaften, unbewussten Umrissen malen sie ihre naiven Bilder an die Wände der Großstadt und sie werden von anfälligen Passanten mitgeschleppt bis in ihre intimsten Privatsphären.

In dieser Atmosphäre fällt es einem leicht in eine faszinierende Situation zu geraten, wo falsche Gelegenheiten sich in unser Leben hineinschleichen. Wie die Werbung, die man nicht braucht, die unnütze Umfrage, das sinnlose, unerwünschte Geschenk, womit man an jeder Ecke überrumpelt wird. Sie sind viel versprechend und verblenden den Klienten. Sie sind unfähig ihr Wort zu halten, denn sie besitzen keinen echten Inhalt. Sie sind auf Illusion gegründet und bestehen aus dem Schaum von benebelten, süchtig machenden Wünschen. Hinter dem schillernden Schleier Ihrer Wunderangebote verbergen sich Täuschung und niedere Motive.

Sie sind also gewarnt. Und jetzt halten Sie sich fest und bleiben Sie klar in Ihren Absichten und Prioritäten. Bleiben Sie sich treu, unabhängig davon was passiert. Und folgen Sie Ihren Herzen, bevor Sie an der Nase herumgeführt werden. Erinnern Sie sich stets an Ihre menschlichen Werte und an Ihre edelsten Absichten.

Willkommen in der „fake world" der Blendung. Sie haben die Landkarte parat sowie Ihre ethischen Reise-Vorsätze und Sie begleiten mich in die Normandie.

Das ist der Ort, wo ich mich ziemlich spontan hinbegebe. Ich bin eben in dieser leicht konfusen Phase. Ein wenig orientierunglos aber voll Energie und Streben. Gleich bin ich weg, auch wenn das Warum und Wozu mir nicht ganz klar sind.

EINE SPONTANE ENTSCHEIDUNG

Meine Beweggründe. Die Reise. Die Ankunft. Meines Vaters Zustand.

Ich habe ein starkes Bedürfnis nach Austausch mit einer spirituellen Person. Im Überschwang rufe ich Pierre-François an. Sofort und ohne zu zögern antwortet er, ich könne jederzeit kommen, da er jetzt pensioniert ist. Als ich ihn darum bitte, ein Pensionszimmer im Dorf für mich zu reservieren, wo ich bei meinem letzten Besuch übernachtet habe, versichert er mir, dass ich ein eigenes Zimmer bei ihm zu Hause haben kann. Alles Bestens.

Auch wenn die tieferen Beweggründe meines Besuchs bei Pierre-François undeutlich sind, habe ich einige Wünsche: zum Beispiel eine Klärung, was meinen Lebensweg angeht, mehr Klarheit in meiner Vision und mehr Differenzierung in den vielseitigen Begabungen und Begebenheiten, die mir das Leben schenkt. Eigentlich befinde ich mich in einer größeren Transformationsphase. Die Umwandlung, die mir gleich am Ende der 21 Tage des Lichtnahrungsprozesses angekündigt wurde, dürfte sich über ein paar Jahre hinziehen. Ich möchte beispielsweise wissen: „Gibt es einleitende Schritte, die ich gerade jetzt vollziehen könnte?" Solche Fragen möchte ich ihm stellen. Außerdem hätte ich gerne eine oder zwei Unterrichtsstunden bei Pierre-François und vielleicht sogar eine Behandlung, eventuell auch einen Ausflug zu einem Kraft-Ort.

Ich bin erfinderisch, ich habe immer 1000 Ideen, Inspirationen, Projekte oder Vorschläge.

Pierre-François hatte zwar irgendetwas gestammelt, als ich erwähnte, ich wüsste nicht genau das Warum und Wozu meines Besuchs. Ich kriegte aber akustisch nicht mit, was er meinte. Vielleicht hatte er eine Ahnung über den Hintergrund meiner Entscheidung, eine neue Entwicklung oder eine neue Arbeitsweise, die er mir mitteilen wollte, dachte ich.

Ich kenne ihn seit ungefähr 12 Jahren erstmals als Autor durch eines von seinen Büchern. Ich habe ihn kontaktiert und mehr von seinen Schriften entdeckt. Ich würde behaupten, dass sie meinen Horizont erweitert haben. Mein Wissen und meine Arbeit im spirituellen Bereich haben sie bestätigt, vertieft und bereichert. Pierre-François´ praktische, bodenständige Umsetzung der feinstofflichen Methoden haben mich am meisten beeindruckt. Zusätzlich verfügt er über eine breite Palette an Kenntnissen, zwischen denen er imstande ist, besondere Verbindungen herzustellen.

Ich habe ihn vor drei Jahren schon besucht aber die meisten unserer Kontakte sind schriftlich und telefonisch und dies mehrmals jährlich. Stets ist er zwar kurz angebunden aber hoch konzentriert, klar und gezielt in seinen Äußerungen. Nur selten habe ich den Eindruck, wir sprächen an einander vorbei. Trotz der gewissen Kühle in seiner Art sind immer Mitgefühl und Güte spürbar. Jedoch scheint er immer einen gewissen Abstand zwischen sich und anderen und sich und Ereignissen zu bewahren. Ich schätze und vertraue auf seine professionelle Art und seine persönliche Weisheit.

Die Reise verläuft ordentlich und planmäßig. Das Filzen und das moderne „Röntgenstrahlen"-Gerät am Flughafen nerven mich. Der elektronische Fortschritt hat gerade ein Gerät zustande gebracht, das den gesamten Körper zusammen mit seinen feinstofflichen Hüllen mit krankmachenden Strahlen durchdringt und bombardiert.

Wie kann man so naiv sein und die Strahlen als Ursache von körperlichen sowie manchen psychischen Krankheiten ignorieren? Nur weil man sie nicht mit bloßen Augen sehen kann. Diese Frequenzen sind wissenschaftlich und anders messbar und vor allem spürbar. Theoretisch sollten die Hersteller ganz genau wissen, was sie tun oder doch nicht? Wer ist verantwortlich? Wer versteckt sich hinter den großen Firmen, die Geräte herstellen? Ich hätte gerne klare und deutliche Antworten und Namen, anstatt das übliche Geschwafel: es sei alles absolut sicher und sowieso nur in so geringen Mengen. Unzählige, unnötige sogenannte „geringe Mengen" kumulieren ständig zu einer pathologischen Überdosierung. „Nur ganz wenig Intelligenz" ist notwendig, um zu beobachten, wie Strahlungen nicht nur die Gesundheit, sondern auch die Lebensqualität der Menschen, der Tiere und der Pflanzen beeinträchtigt. Da braucht man auf keinen Fall ein „Experte" zu sein, sondern die Fähigkeit Zusammenhänge herzustellen. Vor allem benötigt man, den Mut die Lügen zu durchschauen und sich die Wahrheit einzugestehen. Auch dieses Thema hat zu tun mit Täuschung, zusammen mit der willkürlichen Irreführung sowie mit der bequemen Ignoranz oder der Kunst zu verdrängen. Vor allem aber ist das gesamte im allgegenwärtigen die Gier nach großen Umsätzen.

Tatsache ist: ich will nicht vor dem Super-Scanner stehen. Die Angestellten (die den ganzen Tag umgeben von diesen Strahlen verbringen) können ihr altes Handgerät aus der Schublade herausholen. Ein herumstehender Kontroller erlaubt sich eine abfällige Bemerkung meiner Verweigerung gegenüber. Es ist ersichtlich, dass mein Verhalten bei ihm bestimmte Knöpfe drückt.

Diesmal werde ich nicht nach „Sprengsatz-Spuren" getestet, wie bei den zwei letzten Kontrollen am Flughafen. Ja, Sie haben richtig gelesen. Ich musste laut lachen! Gerne mische ich Ätherische Öle in meinem Badezimmer, stelle Blütenessenzen her, schmiere meinen Körper mit naturbelassenen Ölen, aber mit Explosiven habe ich nichts am Hut. Nichtsdestotrotz wird jedem irgendein niedriges Motiv unterstellt. Jeder steht unter Verdacht. Fürchte deinen Nachbarn wie dich selbst. Fürchte dich selbst und achte vor allem darauf, dass Du kein eigenständiges Denken entwickelst. So holt man das Negative aus dem Menschen heraus, anstatt ihn daran zu erinnern, dass er der Hüter der Erde ist und dass Solidarität und Vertrauen unentbehrlich sind für ein gesundes soziales Leben. Anstatt ihn daran zu erinnern, er ist als Mensch ein Lichtwesen, wird er verängstigt, bedroht, verärgert und klein gehalten.

Eigentlich wird man so klein gehalten, wie man sich klein halten lässt. Mittlerweile habe ich ausfindig gemacht, dass man am Flughafen eine sogenannte „alternative Kontrolle" verlangen kann. Viel besser ist die Handkontrolle nicht wesentlich, aber vielleicht gibt es hier oder da einen Impuls, eine Überlegung, dadurch dass das übliche, ferngesteuerte, routinemäßige Getriebe von einer kurzen Unterbrechung und einer Nachdenk-Pause gestört wird.

Während des Fluges ergänze ich noch die Themenliste, die ich mit Pierre-François besprechen möchte. Ich freue mich sehr, mich mit einer spirituellen Person über persönliche Belange sowie über Welt-verändernde Strömungen zu unterhalten.

Ich möchte noch erwähnen, dass ich den günstigsten Flug gebucht habe. Er hat aber den Nachteil, dass ich in der Normandie eine ganze Woche verweilen muss, was für mich ungewöhnlich lange ist. Meine Besuche sind immer kurz und bündig. Dieser Aufenthalt wird sich also ausnahmsweise länger gestalten, nämlich eine ganze Woche. Wer weiß, wofür das gut ist?

Am Abend meiner Ankunft übernachte ich in Rouen in einer Pension, weil es keine weiteren Verkehrsverbindungen gibt zum Dorf, wo Pierre-François mich morgen am Bahnhof abholen wird.

Gewissenhaft und wie vereinbart schreibe ich am selben Abend eine Nachricht, um meine genaue Ankunftszeit anzukündigen. Daraufhin tauchen leichte Zweifel in mir auf: „Wird er die SMS rechtzeitig lesen?" Ja, das tut er doch, auch wenn er sich nie darauf zurückmeldet. Wir hatten einmal abgemacht, dass ich mich bei ihm melden könnte, sollte ich einmal ernsthaft Hilfe brauchen oder erkranken. Ich sollte also auf ihn vertrauen. Oder soll ich doch lieber kurz anrufen? Ich überlege hin und her und verdränge schlussendlich meine Schwankungen.

Jedoch steigt in mir eine seltsame Stimmung auf. Soll ich mich auf die Woche freuen? Es schwebt eine gewisse Unsicherheit in der Luft. Aber mit so einer spirituellen Person wie Pierre-François kann der Austausch nur bereichernd sein, sage ich mir. Sonst kann ich in der Natur spazieren gehen – sein Haus liegt ja sehr abgelegen – mein Buch übersetzen oder ein paar Bücher von ihm ausleihen, denn er hat eine große Bibliothek, wie ich mich erinnere.

Als ich mit dem Zug ankomme, ist niemand da. Es ist ein kleines Dorf in der Normandie und der Bahnhof liegt außerhalb des Zentrums. Ich zügle erstmal meine Ungeduld und warte. Es gibt keinen Bus, der dorthin fährt, wo Pierre-François wohnt.

Es ist sehr warm und sonnig, was ungewöhnlich ist für diese Gegend. Sie ist eher für ihren bedeckten Himmel, den Wind, die graue Wolke und den Regen bekannt. Ich bin auch entsprechend gekleidet mit einer dicken, warmen Regenjacke und Wanderschuhen. Ich bestehe darauf, für alle Wetterarten parat zu sein und niemals auf einen Ausflug verzichten zu müssen, weil ich keine geeignete Kleidung mitgenommen habe. Das ist aber ein altes Klischee. Mit der Wetterwandlung ist die Gegend wesentlich sonniger geworden. Es ist für mich eine Überraschung in dieser Gegend, die ich aus meiner Kindheit gut kenne: das Wetter ist und bleibt die ganze Woche sehr warm. Ich muss mich also umstellen. Ich war auf andere Temperaturen gefasst. Es ist nicht schlimm. Diese Tatsache wirft jedoch ein interessantes Muster, mit einem

Spinnengewebe vergleichbar, auf die Ereignisse der kommenden Woche. Unerwartetes wird dadurch angekündigt.

Während des Wartens denke ich an meinen Vater, der im Sterben liegt. Sein Hinübergehen zieht sich lange hin. Er hat eine jahrelange Alzheimer Krankheit hinter sich. Ich finde es schwer ihn telepathisch zu erreichen während des langsamen körperlichen - ätherischen - astralen Abbaus. Momentan in dieser Phase der Ablösung vom Grobstofflichen versuche ich gezielt, ihm Mut, Kraft und Liebe zukommen zu lassen. Vor allem braucht er Geborgenheit. Ich möchte, dass er sich umarmt fühlt und mit allem versorgt, was auf dem Weg ins Jenseits benötigt wird. Ich rede mit ihm und halte ihn in meinen Armen sanft und weich aber gleichzeitig stark und schützend. Die unaufdringliche Präsenz, die Begleitung, die gleichzeitig Freiheit und Selbstbestimmung zulassen, sind hier angebracht. Ich bin da, du bist nicht allein, alle sind da um dich herum, die Hiesigen sowie Jenseitigen. Immer und besonders jetzt bei diesen wichtigen Schritten. Ich habe nicht den Eindruck, mein Vater nimmt mein feinstoffliches Dasein wahr. Es stimmt mich leicht traurig. Jedoch weiß ich, dass es unentbehrlich ist, ihm weiter Trost und Zuversicht zukommen zu lassen.

Ich denke an alle die Menschen, die ich vor, während und nach dem Todesprozess begleitet habe: an meine Mutter im Besonderen, an die vielen Patienten und an die vielen Menschen, die mich kurz, aber so klar und deutlich, besucht haben beim Verlassen der irdischen Dimension, beispielweise meine Großmutter, mein alter Hausarzt und so weiter.

Ich bin tief in meinen Gedanken versunken. Die Sonne wärmt mich auf angenehme Weise, die Zeit geht vorbei, aber keiner taucht auf am Bahnhofplatz. Ich rufe Pierre-François auf dem Festnetz an. In der Tat verwendet er sein Mobiltelefon nur um seltene Telefonate zu machen. Das wäre überhaupt nicht günstig im Notfall, bei dem ich seine Hilfe dringen brauchen würde. Warum sagte er zu, als ich ihm den Vorschlag unterbreite, in einer dringenden Situation ihn per SMS um Hilfe zu bitten? Er hätte ablehnen und sagen können, dass er das Handy nur selten verwendet.

Ich hatte doch klar abgemacht, dass ich meine Ankunftszeit genau ankündigen würde, sobald ich in Rouen bin, also einen Tag zuvor. „Hör auf mit deiner Genauigkeit, deiner Zuverlässigkeit, deinen gründlichen Erklärungen und Begründungen" flüstert meine innere Stimme. Ich bin etwas stur und geradlinig. Wir sind jetzt im Lande der Spontaneität, der Flexibilität, des „Oui, oui, wie du willst". Nicht nur auf das ungewöhnliche Wetter, sondern auch auf den hiesigen Umgang muss ich mich umstellen.

Ich sitze jetzt auf einem Mäuerchen, so dass ich die Übersicht habe. Es gibt sowieso keinen Menschen weit und breit. Bilder meines ersten Besuches kommen mir in den Sinn. Damals trat Pierre-François sehr männlich und dynamisch auf. „Das ist klar" dachte ich. „Er hat auch eine starke Feuer-Besetzung in seinem Horoskop. Genau wie ich". Bei unserer ersten Begegnung fiel mir seltsamerweise die Idee ein, dass wir eine leidenschaftliche Beziehung hatten oder haben werden.

In der Realität war es offensichtlich nicht der Fall. Hingegen war er sehr professionell und sehr fokussiert, wie seine Schriften. Das habe ich ihm hoch angerechnet. Als Lehrer war er zwar gut, aber sehr dogmatisch und hat grundsätzlich nur seine Notizen gelesen. Ich unterrichte gerne mit viel Austausch und Ergänzungen. Der Unterricht ist für mich wie eine Entdeckungsreise, die einen stets kreativ und neugierig hält und immer wieder Höhepunkte anbietet. Ich möchte nicht nur Fakten mitteilen, sondern ich flechte gerne Beispiele, Einsichten, Erkenntnisse, aktuelle Ereignisse und wahre Geschichten. Ich schätze einen lebendigen Unterricht mit Leidenschaft, nicht nur Nahrung für den Intellekt.

Endlich bin ich froh, dass er mich abholt.

ERSTER TAG

Haus und Garten. Die Tochter. Die unglücklichen Ehen. Mein „eigenes Zimmer". Der Landbesitzer.

Ich habe seine Aura sowie die seines Autos sofort erkannt. Ich springe gleich vom Mäuerchen hinunter, packe Pulli, Jacke und Koffer, um ihm mit ausgestreckter Hand zu begegnen. Die Hand nimmt er schon aber zieht sie zu sich heran, um mich auf die Wangen zu küssen. Letztes Mal hatten wir uns an den

Handdruck gehalten. "Jetzt ein wenig lockerer und flexibler sein" sage ich mir leise. Ich merke, ich bin noch nicht in Frankreich gelandet. Ich bin noch steif, stur, höflich und korrekt. Dieses Auftreten ist Teil von mir und es kommt gut an in den deutschsprachigen Ländern, wo ich lebe und ständig unterwegs bin. Dort benötigt man ein wenig Zeit, um sich näher zu kommen. Anscheinend muss ich aber schleunigst meinen Modus auf Französisch umstellen.

Auf dem Weg zu seinem Haus erkläre ich meinem Gastgeber, dass ich seit 18 Monaten auf Lichtnahrung umgestellt bin. Ich esse keine feste Nahrung, sondern ernähre mich von Licht und nehme nur noch Flüssigkeit zu mir (Wasser, Tee, Kaffee mit Honig nach Bedarf). Wir tauschen uns locker aus über Kleinigkeiten.

Als wir ankommen, braucht seine Nachbarin kurz seine Hilfe. Ich warte neben dem Auto und blicke in den Garten hinein. Alles ist vernachlässigt. Eine spürbare gräuliche Stimmung umhüllt mich. Vor drei Jahren war es zwar Frühsommer aber es regnete, so dass ich nicht viel vom Garten mitkriegte. Jetzt stelle ich fest, dass der Garten riesig ist und an einen Wald und an eine Wiese angrenzt.

Ich folge Pierre-François ins Haus hinein. Unmittelbar kommt mir eine depressive Atmosphäre entgegen. Ich drehe mich um und schaue nochmals nach draußen, wo die Sonne leuchtet. Im Hause herrschen aber Trauer und Resignation.

Hingegen gibt sich der Hausherr sehr leicht und kommunikativ. Er erklärt, dass seine Tochter auch dort wohnt allerdings im hinteren Teil des Hauses. Zwar jeder für sich, aber es gibt eine Tür in der Küche, die beide Wohnungen verbindet und wodurch sie ihn mehrmals täglich besucht. Ich bekomme eine Übersicht von seinen Vorhaben über die nächsten paar Tage sowie die Versicherung, dass ich so lange bleiben kann, wie ich möchte. Nur an einem Tag hat er ein festes Programm für sich allein. Sonst ist er ja pensioniert und hat viel Zeit. Ich bin dankbar dafür.

Kurz darauf taucht seine Tochter Véronique auf aus der besagten Tür. Sie informiert ihren Vater über die letzten häuslichen Nachrichten. Unter anderem erfahre ich, dass sie einen jungen Mann aufgenommen hat, der aus der psychiatrischen Klinik entlassen worden ist. Er teilt Véroniques Wohnung zusammen mit ihren beiden Kindern. Er ist der Neffe eines guten Freundes. Sie ist sehr altruistisch und besitzt viel Mitgefühl, was bewundernswert ist. Jedoch stelle ich mir dieses Zusammenleben als nicht ganz unproblematisch vor. Ich vertraue darauf, dass Pierre-François die Übersicht behält und dass er ihn unter Umständen behandelt. Darüber hinaus spüre ich eine gewisse Neugierde ihrerseits. Sie möchte ja wissen, was für eine Frau im Haus verweilt. Sie wirkt sympathisch auf mich, aber vom Schicksal sehr belastet.

Ich stehe im Hintergrund und lasse die beiden sich unterhalten. Das Haus ist innen genauso vernachlässigt wie außen. Die Schwere ist noch dichter im Hause als im Garten.

Sie bedrückt mich umso mehr. Ich besitze Antennen, die mich sofort über die vorhandenen Informationen orientieren. Es sind Schichten über Schichten von alltäglichen Sorgen und Sehnsüchten, die übereinanderliegen. Ich höre Streite und Vorwürfe, alles aber erstickt und gedämpft. Diese Fähigkeit, Stimmungen in Räumen zu scannen, ist Teil meiner Hellsichtigkeit aber auch Teil meines beruflichen Hintergrundes. Als Krankenschwester und als Abteilungsschwester war ich auf der Abteilung sofort imstande festzustellen, wie ordentlich, wie positiv oder wie pünktlich der Arbeitsverlauf ablief, ob ein Notfall stattgefunden hatte, ob grobe Verspätung oder Personalmangel vorhanden war und so weiter.

Im Hause von Pierre-François hängt eine erdrückende Dichte. Genauer gesagt, sie fühlt sich wie eine Depression an, die jemand teilweise im Griff hat. Er behandelt sich selbst, vermute ich, denn er besitzt Heilfähigkeiten und er hat mehrere kurze Werke über unterschiedliche Heilmethoden geschrieben. Auf dem Holztisch liegen Münzen und Briefmarken sowie Alben und spezielle Literatur zum Thema. Die Bibliothek an der anderen Seite des Wohnzimmers ist gut geordnet und viele Münz- und Briefmarkenalben sind auf den Regalen nach Eingliederung sortiert. Der Rest ist aber alt, ungepflegt, teilweise auch regelrecht schmutzig. Die alltäglichen Gewohnheiten, die sich über Jahre automatisch wiederholen, füllen den großen Raum. Die Gegenstände, die eine Art emotionelle Patina sammeln mit jeder Bewegung, mit jeder wiederholte Motion sind Zeuge abhängig davon, ob der

Mensch das Objekt mit Freude, Dankbarkeit, altruistischen Gedanken verwendet oder es mit Frustration, Egoismus, Selbstverständlichkeit und Abwesenheit in die Hand nimmt. Unsere Gedanken, unsere Gefühle und Handlungen, unsere Verfassung hinterlassen energetische Spuren, die sich im Äther, in den Wänden, in den Räumen, in den Gebäuden niederlassen und von diesen für die Ewigkeit aufbewahrt werden. Auch wenn sie nicht mehr bestehen, überdauert die Schwingung im Äther an diesem Ort. Macht uns dieses Wissen nicht achtsamer im Umgang mit unserer Umgebung?

Pierre-François wohnt in diesem Haus seit fünfunddreißig Jahren, werde ich später erfahren. Hier spielt sich über drei Jahrzehnte mit unterschiedlichen Partnerinnen der Alltag ab. Am längsten sind besonders schwierige Beziehungen. Diese Art von Beständigkeit ist mir fremd. Ich bin viel umgezogen, von einem Land zum anderen und habe mich immer wieder von Gegenständen getrennt. Durch diese häufigen Wechsel ist ein materieller Minimalismus bei mir entstanden, denn ich bin öfters getrieben von dem Drang immer wieder neu anzufangen.

Pierre-François' Stabilität ist vorteilhaft für die Kreativität und Produktivität, die er über die Jahre entfaltet hat. Sie ist ihm zu Gute gekommen durch die Bücher und die Hefte, die er geschrieben hat, sowie durch seine rege Tätigkeit als Lehrer. Andererseits sind die gestauten Energien dieses Hauses ein Beleg des langen privaten Leidensweges, die seine verschiedenen Ehen geprägt haben.

Gleich nach meiner Ankunft und der ersten Runde um den großen vernachlässigten Garten, fängt er an, mir über seine unglücklichen Ehen zu erzählen. Die Frauen waren problematisch, meint er. Zudem teilt er intime Einzelheiten über diese Frauen, was ich gar nicht schätze. Auch wenn ich mich bereit erkläre, den Erzählungen über sein Privatleben zuzuhören, fühle ich mich nicht so nah, um persönliche Vorlieben oder Schwierigkeiten von dritten Personen, nämlich seiner Ex-Ehefrauen zu erfahren. Es ist auch nicht die passende Zeit: ich bin erst angekommen und wir kennen uns nur durch die spirituelle und esoterische Arbeit. Unser Verhältnis ist also aus einer reinen beruflichen Ordnung und ich staune über die Redeart meines Gastgebers. Diesen Frauen gegenüber bürge ich einen gewissen Respekt, auch wenn ich sie nicht kenne, aus persönlicher Würde sowie aus weiblicher Solidarität. Ich würde es auch nicht schätzen, sollte sich ein ehemaliger Liebhaber über mein sexuelles Verhalten ausplappern.

Pierre-François hat viel zu erzählen, denn diese Beziehungen sind sich einander gefolgt ohne Unterbrechung über Jahrzehnte. Viel Leiden ist vorhanden in seinem Bericht; jedoch spüre ich keine Emotion bei ihm. Er findet zwar die richtigen Worte, um die Unzulänglichkeiten seiner Partnerinnen zu beschreiben, selbst steht er aber wenig in Verbindung mit seinem emotionellen Erleben und er lässt ganz aus, sich infrage zu stellen. Die dreißig Jahre Eheleben mit zwei verschiedenen Ehefrauen waren „eine ganz große

Katastrophe" meint er. Seinen Anteil an diesem Zustand, sieht er nicht ein.

Erst die letzten sieben Jahre hat er das Partnerglück erlebt mit seiner Traumfrau. Leider starb Bella vor drei Jahren an einer chronischen Krankheit. „Für mich ist sie und bleibt sie die schönste Frau der Welt!", sagt er mehrmals. Bella war aber seine Schwägerin, was eine ganze Reihe von Konflikten mit seiner letzten Ehefrau aufflammen ließ. Pierre-François erzählt auch viel über seine Beziehung zu seiner Mutter. Offensichtlich ist er ein Mutter-Söhnchen und er scheint ein ausgeprägtes schwarz-weiß Verhältnis Frauen gegenüber zu haben.

Obwohl ich überrascht bin, dass er mich von vorne herein über seine Privatsituation informiert, ziehe ich in Betracht, dass er viel durchgemacht hat und teilweise noch an Trauer leidet. Ich höre also respektvoll, aufmerksam und mitfühlend zu. Ich gehe rücksichtsvoll mit dem Menschen und mit seinen Aussagen um. Immer wieder überall und unter unterschiedlichen Umständen scheine ich dafür geschaffen, die Rolle der Therapeutin unmittelbar zu übernehmen oder mindestens der Vertrauten, der man alles erzählen kann. Diese Rolle übernahm ich schon gleich als Kind mit meiner Mutter. Natürlich unbewusst.

Ich bin jedoch verdutzt, gleich bei meiner Ankunft in eine Funktion als Zuhörerin und sogar als Empfängerin von sehr privaten Einzelheiten zu geraten. Was mir fehlt, ist der

Übergang zwischen meiner Position als Studentin oder als Leserin seiner Bücher, eventuell als Kollegin wie ich mich bis zu diesem Zeitpunkt betrachtet habe, zu der einer privaten Person, wie einer Schwester, einer Bekannten oder einer Freundin. Offensichtlich habe ich etwas verpasst, denn wir haben bis jetzt eine freundliche, aber distanzierte, eine reine berufliche Bekanntschaft gepflegt. Ich lache über mich: „Nicht nur bist du die Therapeutin von Therapeuten zu Hause, sondern auch unterwegs, wo du kaum bekannt bist". Mitgefühl und vor allem Verständnis verleihen mir den Zugang zur Verzweiflung meines Gastgebers. Es geht nicht um einen lauten Seelenschmerz, sondern um eine lang angestaute emotionelle Verdrängung, bei der der eigene Schattenaspekt nicht miteinbezogen wird. Dreißig Jahre Ehe-Unglück. Und dann laut seinem Bericht genießt er endlich eine perfekte Beziehung zu Bella, die jedoch dramatisch endet. Deshalb schenke ich ihm meine ganze Anteilnahme. Lange und fast ohne Unterbrechung entfaltet sich der Bericht. Später ändert sich das Thema und er zeigt mir seine Schätze.

Pierre-François erklärt, dass er ein leidenschaftlicher Sammler ist und gerne Märkte besucht in der ganzen Gegend und sogar selbst einen Stand betreibt. „Mein Vater war auch ein großer Sammler" erwähne ich. „Gut, dann bist du schon an den Sammler-Habitus gewöhnt. Das ist richtig so" scheint er sich halb mir, halb sich selbst einzuwenden. Er zeigt mir seine verschiedenen Sammlungen. Parallel dazu vergegenwärtige ich mir die wertvollen Bücher, Zeitschriften und ethnologischen Gegenstände, die mein Vater über die

Jahrzehnte zusammengetragen hatte. Er besaß so eine riesige Sammlung, dass er ein langes Haus damit ausfüllte, das aus einer Reihe von drei Cottages bestand. Die Sammlerader meines Vaters ging aber irgendwann schief und wurde zur Messie-Gewohnheit, wobei er alles behielt und stapelte, bis das Haus fast voll wurde mit Abfall, leeren Flaschen und so weiter.

Es bestehen weiterhin einige Ähnlichkeiten zwischen meinem Vater und Pierre-François: außer der hoch geschätzten, geordneten Sammlung, liegt alles andere ziemlich brach und ungepflegt. Was täglich benötigt wird, ist alt und noch in Gebrauch trotz schlechtem Zustand. Innen und außen, Haus und Garten sind vernachlässigt, unordentlich und schmuddelig. Ein Gefühl von Verlassen sein, Stillstand, Mangel an Aufmerksamkeit und Traurigkeit schweben in der Luft. Solche Umgebung erfüllt mich mit Bedauern, denn ich sehe das große Potential, das sich da entfalten würde, sollte man den Ort und die Räume energetisch und physisch reinigen, erden und fürsorglich pflegen. Ich würde ihnen Achtsamkeit und Wertschätzung schenken, bis sie sich wieder mit Liebe und Lebendigkeit auffüllen. Das wäre erstmals ein großer Schritt, bevor das Haus renoviert und modernisiert wird und der Garten neu angelegt wird. So stelle ich mir vor, was man alles hier umbauen, reparieren und pflegen könnte, um das brachliegende Potential wieder zu erwecken, damit das Haus und der riesige umliegende Garten in ihrem Glanz und fröhlicher Lebendigkeit erneut belebt werden. Das ist jedoch eine Vorstellung, die einzig aus meinem Impuls kommt, alle und alles wieder heil, schön und harmonisch zu machen, denn ich bin in der Essenz eine Heilerin aber bestimmt nicht aus dem Vorhaben, mich hier niederzulassen und diese monumentale Aufgabe zu übernehmen. Das ist mir ganz klar auch, wenn ich in meiner Imagination Freude empfinde an der blühenden, gepflegten Natur, die in diesem Garten gedeihen würde und wie ich die Innenarchitektur in einen Ort des guten Geschmacks, der kreativen Ästhetik, der Geborgenheit umgestalten würde.

Hier hingegen widerspiegeln die Räumlichkeiten den Menschen samt seiner inneren Verzweiflung. Pierre-François gibt sie nicht zu. Er überspielt sie sogar mit einer aufgesetzten Fröhlichkeit. Er bemüht sich, einen guten Eindruck auf mich zu machen.

Da die Sonne draußen scheint, nütze ich eine kurze Unterbrechung in der Erzählung von Pierre-François, um mich in den Garten zu begeben und mit den Katzen zu spielen. Es ist eine Flucht, eine Flucht vor seinem Wortschwall aber vor allem vor der bedrückenden Energie des Hauses. Ich bin zwar zu warm angezogen, aber bald ist die Sonne weg und dann kühlt die Luft deutlich ab.

Als ich wieder ins Haus komme, setzt er seine Erzählung fort. Nach einiger Zeit unterbreche ich ihn, damit er mir mein „eigenes Zimmer" zeigt. Es ist erstaunlich schmutzig, staubig vollgestopft mit unterschiedlichen Sachen, die durcheinander auf die Seite geschoben worden sind. Die dünne Matratze ist von einem Leintuch bedeckt. Dass es sauber ist bezweifle ich sehr, aber ich bitte zuerst um weitere Bettwäsche. Mein Gastgeber steht einfach da. Nachdenkend oder hilflos oder leicht konfus, weiß ich nicht genau. „Du hattest mir am Telefon gesagt, du hättest alles Nötige hier. Deshalb habe ich nichts mitgebracht" sage ich endlich, um eine Reaktion seinerseits anzuregen. Allerdings braucht er ein paar Minuten bis er mit einem Schlafsack zurückkommt und irgendwann eine Decke ausfindig macht.

Beim Abendessen setze ich mich mit ihm an den Tisch und schlürfe ein wenig Honig. Weiterhin erzählt er über sein persönliches Leben mit vielen privaten Einzelheiten. Wie gesagt, ich war nicht darauf gefasst, dass mein Aufenthalt sich als Dauer-Einzelsitzung gestaltet. Ich kann gut zuhören und ich spüre seine Einsamkeit, seine Trauer sowie das Bedürfnis, sich von dem über Jahre angesammelten Leidensdruck zu befreien. Ich vermute, er hat Zeit seines Lebens andere geheilt und sein eigenes Leiden für sich behalten. So sieht es aus. Und jetzt hat er jemanden gefunden, dem er sich anvertrauen kann. Ist das alles oder steckt noch etwas Anderes dahinter? Ich weiß nur, dass ich verblüfft bin und keineswegs mit einem solchen Empfang rechnete, sondern eher mit einem Schüler – Lehrer Verhältnis, wie wir es bei meinem letzten Besuch pflegten.

Nach dem Abendessen vor der Dunkelheit ist es Zeit für einen Spaziergang in diesem abgelegenen Weiler, wo nur ein paar Häuser stehen. Die frische Luft und die Bewegung tun mir gut. Unser Gang ist zügig aber wir können die Stimmung der

Dämmerung genießen. Er zeigt mir viele Felder, die ihm gehören, manche mit Baugenehmigung: „Und auch diese Wiese da drüben ist meine. Sowie dieser Landstreifen, der sich bis zum nächsten Dörflein erstreckt". Laut seinem Bericht scheint er ein größerer Landbesitzer zu sein.

Als wir nach Hause kommen, kündige ich noch recht früh an, dass ich mich zurückziehen möchte. „Es ist besser, die Schlafzimmertür nicht zuzumachen, sonst kratzt die Katze bis man aufwacht" meint er, als ich die Holztreppe hochsteige. Sein Schlafzimmer steht gerade meinem „eigenen Zimmer" gegenüber.

„Seltsam" denke ich mir und brauche länger, bis ich einschlafe.

ZWEITER TAG

Die neue Situation. Die Ehen und die wunderbare Beziehung. Der verstörte junge Mann. Meine schriftliche Liste. Alice im Wunderland. Der Tanzabend.

Ich schlafe länger als mein üblicher pranischer Schlaf sonst benötigt. Ich war müde von der Reise, merke aber auch, dass ich diese hiesige Situation „verdauen muss". Umstellungen meinerseits sind hier dringend notwendig: nicht nur, was das Wetter oder den Umgang mit der Begrüßung betrifft, sondern eine deutliche Aktualisierung über meine Rolle in dieser Bekanntschaft scheinen fällig zu sein. Ich habe aber noch keine Ahnung, wie ich diese Beziehung jetzt einordnen sollte. In solchen Situationen schlafe ich länger, um das Ganze in diesem Bewusstseinszustand zu verarbeiten und zu assimilieren. Ich merke, ich bin noch nicht so weit. Ich kann nicht genau sagen, was sich hier abspielt.

Um einen tieferen Einblick zu gewinnen, meditiere ich. In der Tat sehe ich, dass es jetzt darum geht einen anderen Aspekt von Pierre-François zu entdecken. Es gilt entsprechend darum mein Verhalten und meine Betrachtungsweise zu überdenken. Ich sehe auch, dass es für mich eine Überraschung gibt und etwas aufdeckt, was ich gar nicht vermutete. Oder doch?

Momentan bin aber leicht verwirrt und plane, meine Prioritäten aufrechtzuerhalten, das heißt meine täglichen Übungen, meine regelmäßige Arbeit in Form meiner Fernunterstützungen, meine Lektüre und meine pranische Ernährung sowie die Sauberkeit, Pflege und Reinigung meines Körpers. Ich interessiere mich für die Privatbibliothek meines Gastgebers. Ich werde sie untersuchen und mich auf das Lesen konzentrieren. Es ist offensichtlich, dass ich dadurch versuche mich zu zentrieren und mich auf meine Bedürfnisse zu konzentrieren.

Vor allem passe ich darauf auf, dass ich mich von Pierre-François' unberechenbarer Art nicht aus meinem Konzept bringen lasse. Sein Begriff der Abgrenzung scheint mir eher verschwommen. Oder anders gesagt, ich sehe keine klare Linie in seinem Umgang mit mir. Bin ich seine Therapeutin? Bin ich eine nähere Freundin, der er sein Privatleben anvertraut? Wer bin ich für ihn? Meinerseits sehe ich mich mal in der Rolle einer Schülerin mal einer Lehrerin und einer Autorin, die sich gerne mit ihm austauscht und etwas von ihm lernen möchte.

Als ich soweit bin, gehe ich die Treppen hinunter, begrüße ich ihn freundlich aber mit einer gewissen Distanz. Dann koche ich mir einen Kaffee.

„Hast du gut geschlafen?" lautet seine Frage. Bevor ich die Antwort formuliert habe, beschreibt er die besonders guten Energien des Hauses.

„Jawohl, manches ist sehr schön, zumal dass es sehr ruhig ist, da es keinen Autoverkehr in der Nähe des Hauses zu hören gibt", gebe ich zu.

Dass mich der Dreck regelrecht stört, behalte ich für mich sowie das Bedürfnis, das ich hatte vor dem Einschlafen zügig zu lüften. Aber okay, die Nacht war friedlich – trotz offener Schlafzimmertür.

Pierre-François sitzt schon am Tisch und ordnet seine Münzen oder seine Briefmarken ein. Dort sitzt er meistens mit diesen Beschäftigungen, sobald er morgens aufsteht und auch gleich, wenn wir nach Hause vom Einkaufen oder vom Ausflug zurückkehren. Er ist wie am Tisch angekettet und in dieser Tätigkeit als Münzen- und Briefmarken-Sammler eingefangen.

Er erklärt mir, was er für diese Woche geplant hat: heute Abend gehen wir tanzen, morgen besuchen wir eine Bekannte und fahren in eine größere Stadt, wo wir auch ein Restaurant besuchen werden und so weiter.

Außerdem möchte er mir ein großes Kompliment ausrichten: Ich hätte sofort einen ausgezeichneten Eindruck auf seine Tochter gemacht. Ich hätte ihr auf Anhieb gefallen. Véronique hätte sogar gefunden, ich sei die richtige Frau für ihn. „Eine solche Frau brauchst du" hätte sie wortwörtlich gesagt. Ich nehme aber die ganze Sache gar nicht so ernst.

Heute bekommt Pierre-François Besuch zum Mittagessen von seinem Sohn. Ihre gegenseitige Wertschätzung ist deutlich wahrnehmbar und sie unterhalten sich auf fröhliche und lebendige Weise.

Während dessen schweift mein Blick aus dem Fenster heraus und ich sehe einen eher verstörten jungen Mann, der sehr nervös und mit übergroßen Schritten durch den Garten geht. Ich nehme an, es ist M., der junge Schizophren, der bei Véronique wohnt.

Ich erblicke ihn zwar nur von hinten, aber ich nehme gleich wahr, dass seine Aura mit mehreren Entitäten besetzt ist. Ich nehme an, dass Pierre-François den Zustand des jungen Mannes kennt und sich um ihn kümmern wird und dass er seine Tochter gründlich berät. Mir kommt die Lage gefährlich vor. Ich nehme fremde Energien wahr, ich bin fachlich ausgebildet und ich war 10 Jahre lang Psychiatrieschwester.

Pierre-François und ich verbringen den Nachmittag gemeinsam. Er erzählt weiter über seine Traumfrau und was sie alles gemeinsam erlebt haben. Er berichtet auch über die vielen Tätigkeiten, die er in seinem Leben ausgeübt hat. In der Tat verfügt er über einen schnellen Geist und scheint imstande zu sein, ganz unterschiedliche Rollen und Aufgaben zu erfüllen. Er ist durchaus ein interessanter Mensch, aber er kommt mir immer weniger geheuer vor. Jetzt sei er sowieso pensioniert und hätte alle seine spirituellen Tätigkeiten aufgegeben. Einige Leute seien schon verblüfft, dadurch dass sie ihn in einer bestimmten Rolle gekannt haben und plötzlich einen ganz anderen Aspekt von ihm entdecken würden. Manchmal kämen sie gar nicht zu Recht mit der Enthüllung seiner neuen Persönlichkeit. „Na ja", denke ich „Trifft wohl auch auf mich zu. Ich reise zu jemandem, den ich aus der Ferne seit 12 Jahren in einem speziellen Zusammenhang kenne und entdecke eine Person, die eigentlich nichts zu tun haben will mit Spiritualität oder tieferen Themen." Es ist wohl eine Überraschung für mich, weil diese Themen gerade der Grund und das Motiv meiner Reise sind.

Weiter erzählt Pierre-François über die wunderbarste Beziehung, die er je erlebt hat zu der Partnerin, die vor drei Jahren starb. Auch heute ist er mit intimen Details nicht sparsam. Ich versuche diskret zu zeigen, dass es mir nicht nur missfällt, sondern, dass ich mich nicht darauf einlassen will. Er hätte noch niemandem Bilder von ihr gezeigt. Aber bei mir hat er das Gefühl, er wolle eine Ausnahme machen. Ich sei ja besonders. In der Tat war sie eine sehr schöne Frau. Sie hätten viel und gerne getanzt. Ihre Spezialität sei das hiesige traditionelle Tanzen. An einem solchen Tanzabend wie heute hätte er seit ihrem Ableben nicht mehr teilgenommen. Heute Abend ist wohl das erste Mal, dass er wieder tanzen will. Ich erkläre ihm gleich, dass Tanzen im Allgemeinen und traditionelles Kreistanzen im Besonderen gar nicht meine Sache seien. Gerne komme ich mit, um den Abend mitzuerleben, aber ich werde höchst wahrscheinlich nicht tanzen.

Plötzlich stürmt Véronique in die Küche und klagt laut und sehr emotional, dass der junge Mann unerträglich wäre. Er fluche und beschimpfe sie. Es kommt noch hinzu, dass er Ausländer ist und dass anscheinend Sprachprobleme die Lage verkomplizieren. Ich beobachte Pierre-François' Umgang mit der Situation, die sich bei ihm unter seinem Dach abspielt. Er scheint keine Ahnung zu haben über die potentiell gefährliche Angelegenheit, entweder aus dem psychiatrischen oder dem energetischen Standpunkt. Er geht ganz locker mit der Klage seiner Tochter um. Ehrlich gesagt, scheint mir seine Haltung unseriös zu sein. Entweder verdrängt er, lässt er die Engel wirken oder ist er unfähig die Konstellation realistisch einzustufen. Ich stelle ihm ein paar Fragen und komme zum Schluss, dass die letzte Vermutung, die richtige ist. Obwohl Pierre-François viel über fremde Energien geschrieben hat, scheint er jetzt gar nichts zu registrieren. Er sei doch hellsichtig und nehme angeblich allerlei Energien wahr. Aber nicht diejenigen des jungen Schizophrenen, der gerade sehr angespannt in seinem Garten herumirrt. Seltsam. Ich frage

Pierre-François direkt, was er dazu sagen kann. Er weicht aus und bleibt lächelnd und fast unbeteiligt.

So viele kleine Sachen stimmen nicht. Ich fühle mich allmählich immer unbequemer.

Véronique spricht mich sehr freundlich an. Sie möchte hinaus mit mir in den Garten. Wir gehen zusammen in die Sonne. Sie ist ganz vertrauensvoll und erzählt mir viele ihrer Schwierigkeiten. Sie scheint seit Jahren eine Reihe von Katastrophen anzuziehen, deshalb hat ihr Vater ihr diese Wohnmöglichkeit bei ihm angeboten.

„Kann er dir nicht energetisch helfen oder unterstützende Empfehlungen machen" frage ich. Er schreibt ja Bücher mit allerlei Lösungen und tiefgreifenden Erklärungen zu den Ursachen von unterschiedlichen Verhalten und Lebenswandlungen."

Nein, er wolle sich nicht einmischen, meint sie, sie soll sich eher an mich wenden. Einverstanden, ich kann seine Position teilweise verstehen. Es gibt aber einfache Mittel und Möglichkeiten, die sehr stabilisierend wirken, die er ihr unverbindlich empfehlen könnte. Unser Gespräch wird unterbrochen: Véronique muss jetzt ihre Kinder aus der Schule abholen.

Nachdenklich bleibe ich alleine im Garten. Ich sitze im Gras und spiele freudig mit den Katzen. Tiere haben immer eine ausgleichende und wohltuende Wirkung auf mich. Sind meine

Sorgen über den Zustand des jungen Mannes übertrieben, weil ich in der Psychiatrie sehr akute Situationen erlebt habe? Er wurde entlassen, weil er hierzulande keine Krankenkasse hat, nicht weil er gesund ist. Es ist unverantwortlich, eine obdachlose Person, die unter psychotischen Symptomen leidet, nach draußen in die Gemeinde zu schicken. Er kommt mir sogar potentiell gefährlich vor. Véronique hat zwar ein gutes Herz, aber sie hat keine Ahnung von der Tragweite ihrer Entscheidung, ihn zu beherbergen. Und mein Gastgeber auch nicht, der zulässt, dass ein Mensch mit akuten psychiatrischen Symptomen unter seinem Dach wohnt und die Wohnung seiner Tochter und deren Kinder teilt. Das sind meine Überlegungen über diese Situation, die sich nach und nach immer unstimmiger anfühlt.

Pierre-François schaut nach außen. „Wie geht es denn Alice im Wunderland?" ruft er von der Vortreppe. Ich kann ein Lachen nicht zurückhalten. Ich bin ein wenig zu alt für den Vergleich mit Alice. Und vom sogenannten Wunderland sehe ich keine Spur. Wie daneben kann man sein? Er sei Aura-sichtig. Habe ich gerade die strahlende Aura von Alice im Wunderland? Eigentlich kenne ich sie gut, denn das ist das erste Buch, woraus mein Vater mir damals als Kind vorgelesen hat. Es war ein wunderschönes altes Buch mit originalen Abbildungen, die ich ganz akribisch zusammen mit meinem Vater in den Lesepausen untersuchte. Tatsächlich sehe ich manche Parallele mit Alice. Ich kann im Nu in eine andere Realität hineinschlüpfen, und mich in einer gänzlich anderen Welt befinden, wo ich sowohl innere wie äußere Prozesse intuitiv und energetisch verfolge. Damit meine ich psychologische und psychische Abläufe sowie externe Geschehnisse und Abhandlungen, die simultan stattfinden oder mindestens wahrgenommen werden. Beispielsweise bekomme ich mit, was eine Person fühlt und denkt und wie diese Gefühle und Gedanken die Außen-Welt beeinflusst und umgekehrt. Vergleichbar mit Träumen, wo die Realitätsschichten ineinanderfließen. Dies geschieht mir meistens unwillkürlich. Diese Prozesse ereignen sich ohne mein zutun, obwohl die daraus entstehenden Bewusstseinsverschiebungen öfters Antworten auf Fragen oder jeweilige Interessen darstellen. Zum Beispiel wurde ich vor mehreren Jahrzehnten unmittelbar in die Geheimnisse des Sterbeprozesses eingeweiht durch einen Autounfall, der vor meinen Augen geschah und den Sterbenden an meine Füsse warf. Und so schlüpfe ich jetzt in diese herzlose Einöde irgendwo in der Normandie mit diesem spirituellen Lehrer und Buchautor, der keiner mehr sein will, mit seiner von Problemen beladenen, alleinerziehenden Tochter und dem jungen Mann mit der Schizophrenie. Das Ganze in dem traurigen, vernachlässigten Haus mitten im ungepflegten Garten. Unwillkürlich sozusagen; was ich hier finde, ist nicht, was ich gesucht habe.

Ein wenig später kehre ich ins Haus zurück und koche einen Tee für Pierre-François und mich. Vielleicht können wir der ganzen Sache eine Struktur oder eine interessante Wende verleihen. Ich hatte ja eine Liste vorbereitet auf dem Weg hierher, eine Liste über Themen, Fragen, Schwerpunkte, die ich mit ihm gerne durchnehmen würde. Für manche brauchen wir vielleicht einen Unterrichts-Rahmen, andere hingegen können wir eher salopp behandeln. Eine Behandlung wollte ich auch von ihm erhalten sowie den Besuch von ein paar Kraftorten, wovon es in der Gegend so viele gibt.

Die Liste nimmt er schnell durch. Seine Antworten sind kurz, eher oberflächlich und besonders desinteressiert. Die Behandlung bräuchte ich nicht. Die Energien des Hauses seien super und wohltuend. Sie wirkten ja ständig auf uns auch im Schlaf. Darüber hinaus täten wir uns einander viel Gutes. „Dann lassen wir das sich entfalten" meint er mit einem Lächeln.

Was soll ich von dieser Antwort halten? Meine Finger rollen meine Liste zu einem Röhrchen. Ich hatte mich besonders gefreut, die Zeit mit diesem wertvollen Menschen zu verbringen. Diesen Aufenthalt wollte ich ausdrücklich bereichernd gestalten. Mit einem spirituellen Durst kam ich an. Hier wird er aber nicht gestillt. Ich muss die Augen aufmachen und mir die Situation richtig anschauen. Nicht nur das Wetter hat sich verändert, sondern der inspirierende Autor ist am Ende seines Lateins. Etwas anderes steht an. Ich fühle mich verwirrt, da ich die unerwartete Situation, in die ich geraten bin, noch nicht einschätzen kann. Keine Panik.

„Bin ich zu stur" frage ich meine innere Stimme, „Soll ich flexibler sein? Was spielt sich genau hier ab?"

„Nimm dir Zeit" erwidert sie."Du darfst so stur oder so flexibel sein, wie du es möchtest. Aber vor allem lass nichts „mit dir geschehen", sondern bleib bei deinem Credo, bleib wach. Du bestimmst was ansteht, wann und wie es geschieht." Ich bin erst am Beobachten, und zwar sowohl meine eigenen Reaktionen als auch die Vorschläge, die von Pierre-François auf mich zukommen.

Mein Gastgeber sitzt stundenlang mit seinen Münzen. Ich übersetze mein letztes Buch ins Französische. Ab und zu brauche ich Bewegung und gehe in den Garten. Dort spaziert der junge Mann mit großen Schritten und scheint sehr beladen zu sein. Gott sei Dank, dass der Park so groß ist und dass der Mensch viel Platz hat, um seine Frustration durch die Bewegung zu ventilieren. Er hält sich weit weg am Rande der Grünfläche.

Im Haus freuen sich drei Generationen: Großvater, Tochter und die zwei Kinder. Es ist laut und umtriebig und bringt endlich Freude und Bewegung in dieser düsteren Umgebung. Es freut mich, diese Leichtigkeit zu erleben. Sie herrscht zwar nicht sehr lange, denn gleich passiert eine Katastrophe und eines von den Kindern brüllt so laut, dass der Großvater die kleine Familie in ihren Teil des Hauses verweist. Mit Entlastung schließt er die Tür zwischen der Küche und der Wohnung der Tochter.

Nach dem Abendessen ist es Zeit, sich für den traditionellen Tanzabend vorzubereiten.

Meinerseits gibt es allerdings nicht viel vorzubereiten, denn ich habe keine geeigneten Kleidungstücke mitgebracht. Nicht einmal leichtere Schuhe. Es passt mir aber gerade recht. Ich werde auf alle Fälle nicht tanzen.

Der Abend ist angenehm, die Leute freundlich. Die ehemalige Freundin war so eine großartige Tänzerin, dass ich es nicht einmal zu probieren brauche. Bei mir bleibt der Versuch im Keim erstickt. Ich habe keine Lust und fühle mich nicht locker. Ich lache aber viel mit einer Dame, die zwar aus medizinischen Gründen nicht tanzen darf, sich aber bei jeder Aufforderung dem Kreis anschließt. Immer wieder aber sitzen wir zusammen. Sie macht mir ständig Komplimente über meinen „Freund". Er sei so nett. Ich habe Glück, er komme ja nach jedem Tanz zu mir. Er sei so aufmerksam. Ich will ihr gleich sagen, dass sie den netten Mann haben darf, denn er ist nicht „mein Freund". Aber im Nu ist sie schon verschwunden, von der nächsten Aufforderung verführt. Pierre-François ist vom fetzigen Rhythmus ausgebrochen und steht plötzlich neben mir ganz verschwitzt und lächelnd. Sein Körpergeruch ist mir besonders unangenehm. Ich kann ihn buchstäblich nicht riechen.

Die lustige Dame kommt zurück und ich hoffe, sie und meinen Tänzer-Freund miteinander zu verbinden. Er kommt mir aber näher. Im gleichen Augenblick kann ich es nicht vermeiden einen deutlichen Abweichungsbogen zu machen. Eine reine instinktive Reaktion. Weibchen will nicht, verstanden? Das muss er doch richtig gemerkt und verstanden haben. Er sei doch so feinfühlig und registriere Dinge, die andere Leute nicht einmal sehen, meinte er einmal. Ein Herr, der die

Tanzrunde gleich verlassen hat, schließt sich uns an und erzählt von seinem Leben in Paris und wie glücklich er jetzt ist wieder in der Heimat zugezogen zu sein. Es ist Zeit für einen geselligen Austausch in guter Laune. Die lustige Dame ist jetzt erneut unter uns und alle erzählen über ihre Lieblingstänze. Pierre-François betont, dass er besonders fetzige, schnelle Stücke bevorzugt. „Und Sie?" fragt mich die Dame leicht provozierend. „Bewegen Sie sich überhaupt?" Ich brauche wohl eine andere Art von Bewegung" lautet meine Antwort. Ohne die Prana Ernährung miteinzubeziehen, liste ich die verschiedenen Übungen, die ich täglich durchführe, auf. Plötzlich berstet die Dame mit Lachen und versteckt ihr Gesicht hinter ihren Händen: „Oh, das dürfen Sie nicht sagen! Sie sind so lustig. Das darf man nicht sagen" wiederholt sie. Ich schaue Pierre-François fragend an. Er erklärt, dass das Wort Purzelbäume in der französischen Umgangssprache für „Sex haben" steht. Purzelbaum steht aber ganz normal im Wörterbuch und die Übersetzung entspricht genau dem, was ich sagen will, argumentiere ich. Ja, aber darunter versteht jeder etwas anderes, diesen Ausdruck benutzt man nicht mehr so harmlos in der Alltagssprache. Und sie lachen alle wieder laut und gelassen. Mist, denke ich, ich bin wirklich ins Fettnäpchen getreten. Das wusste ich nicht. Sie haben so viel Freude daran und lachen weiter. Ich gönne ihnen den von mir unbeabsichtigten Lachanfall. Pierre-François und die lustige Dame schäkern gerne zusammen, sie platzen vor Begeisterung über den nächsten Tanz. Ich schiebe sie gemeinsam weg: „Los mit euch" schreie ich und hoffe, dass sie innigst miteinander tanzen werden.

Eine Pause zum Durchatmen für mich. Ich mache die große Schiebetüre auf und freue mich auf den Nachthimmel und die Ruhe draußen. Ich erfreue mich an den Sternen, die mir immer Zuversicht verleihen und mich an meine Heimat erinnern. Als ich wieder hineinkomme, sitzt die Tänzerin auf ihrem Stuhl: „Ihr Freund ist so ein hervorragender Tänzer! Sie sollten ihm unbedingt bei der nächsten Tanzrunde folgen! Sie und er passen so gut zueinander" muss sie noch hinzufügen. Pech, mein Versuch war nicht erfolgreich! Dann will Sie mich mitziehen am Ärmel, als sie sich dem Tanzkreis wieder anschließt. Es wird mir zu viel und da wehre ich mich ruckartig. „Das reicht jetzt". Sie verschwindet mit den anderen Tänzern. Pierre-François wendet sich wieder einmal an mich, verschwitzt und lachend. Gut, dass es ihm Freude macht. „Es ist aber bald 12 Uhr und ich wäre froh, wenn wir nach Hause fahren würden". Ich schätze nämlich die Schlafstunden vor Mitternacht ganz besonders, weil sie eine besondere erholsame Qualität besitzen. Ohne Aufstand fahren wir sofort nach Hause. Er ist heiter und er hat seinen Abend genossen.

Ich auch, füge ich hinzu, es war lustig und interessant zugleich. Auch ethnologisch gesehen. Es war mir nicht bewusst, dass die Menschen die Tradition in dieser Gegend so leidenschaftlich aufrechterhalten würden.

„Und die lustige Dame, die dich unbedingt zum Tanzen anregen wollte" betont er.

„Ja, sie ist doch eine hervorragende Tänzerin. Sie wäre doch eine hervorragende Partnerin für dich. Ich wünsche dir eine gute Nacht." Sage ich eher abrupt, da ich ein starkes Bedürfnis empfinde, endlich alleine zu sein.

Als Antwort springt er auf, um mir einen Gutenachtkuss zu geben. Sein Körpergeruch lässt mich wieder einen großen Schritt nach hinten machen. Ja, ja, gute Nacht. Ich renne die Treppe hinauf, ohne mich zurückzudrehen.

Die Hauskatze, die einzige, die ins Haus darf, die Katze von der verstorbenen Partnerin, Bella, liegt auf meinem Bett. Sie leidet angeblich an einer unheilbaren Augenkrankheit. Kann Pierre-François sie nicht behandeln? Er ist ja Heiler. Sie hat seltsame Augen und einen komischen Blick. Ich wage es kaum, ihr in die Augen zu schauen. Ich bin von den Eindrücken des Tages müde. Ich schlafe gleich ein, mit leicht angelehnter Tür, damit die Katze hinauskann, wenn sie will. Es ist mir besonders unangenehm, dass auch seine Schlafzimmertür die ganze Nacht offensteht. Gerade meinem Zimmer gegenüber. Ich mache einen Schutzkreis um mein Zimmer herum, bevor ich einschlafe.

DRITTER TAG

Beim Aufwachen. Ägyptische Erinnerungen. Unterwegs und Besuch bei Blanche. Der Fernsehabend.

Der Schlaf ist leicht unruhig. Wogegen kämpfe ich denn? Ich habe keine Ahnung, aber es gibt ein Macht-Gerangel. Die Katze liegt immer noch, wo sie gestern Abend war und schaut mich immer mit denselben seltsamen Augen an. Ich gucke sie böse an. Noch nie in meinem Leben habe ich einen missmutigen Gesichtsausdruck für ein Tier aufgesetzt. Die Katze hat etwas Zwingendes in sich. Sie verträgt meinen Blick ungestört, macht aber ein leichtes „Miau" aus ihrem verklebten Mäulchen. Der Klang ihrer Stimme lässt die Härte meines Herzens weich werden. Außerdem finde ich es besonders dumm, meinen Unmut an dem Tier auszulassen. Ich streichle sie. Ich habe einen vagen Eindruck, dass sie mich in irgendetwas hineinziehen will, wohin ich nicht will. „Ich soll mit diesem magischen Denken sofort aufhören. Ich bin für mich, meine Handlungen und mein Leben verantwortlich" sagt meine innere Stimme.

Halbwach begebe ich mich ins Badezimmer. Was mir vorher nicht besonders aufgefallen ist, springt mir jetzt ins Auge: Der Raum ist voll mit ägyptischen Statuen, an jeder Ecke, auch um die Badewanne herum, stehen Isis Büsten. Fast alle sind mit Staub und teilweise mit Spinnengewebe überzogen. Anubis, Osiris, Tutanchamon, Kleopatra, Atscheput, die Hatoren, die ägyptische Katze, Pharaonen starren mich an mit ihren durchdringenden von Kohl umrahmten Blicken.

Ägypten, o du geliebtes Ägypten, wo ich die höchste Wonne genossen habe nach der Flucht aus Atlantis, aber auch die bittersten Tränen des Betruges gespendet habe.

Vicky Wall war die Erste, die mich auf meine wichtigen Inkarnationen in Atlantis und später in Ägypten hinwies. Das tat sie auf beeindruckende Weise durch das Farbsystem, das sie medial empfing und „Aura Soma" nannte. Es besteht aus über 100 zwei-farbigen Flaschen, die eine präzise Farbsprache enthüllen. Bei meiner ersten Ziehung der Aura Soma Flaschen wählte ich die Nr 18 gelb / violett „Die Ägyptische Flasche". Lange Zeit war sie für mich ein wohltuendes Öl sowie diese präzise Farbkombination selbst, wie man ihr in der Natur oder im Alltag begegnen kann, zum Beispiel: Der Mimosa und der Bougainvillier-Baum in Sizilien, die ich in besonderer Erinnerung habe. Aber auch Stoffkombinationen dieser beiden Komplementärfarben oder andere Konstellationen wie meine Blutkristalle unter dem Mikroskop beim Dunkelfeld. Später im Laufe meiner Entwicklung habe ich eine Resonanz mit einer anderen Aura Soma Flasche.

Ich stehe nackt im Badezimmer; die ewigen Blicke anwesender Ägypter starren mich an. Viel Zeit habe ich unbekleidet verbracht in den ägyptischen Tempeln als Tänzerin während den heiligen Vorbereitungen! Pierre-François damals in seiner Position als Hierophant des Tempels herrschte über die Priesterinnen und heiligen Tänzerinnen. Immer wieder haben sich unsere Schicksale gekreuzt. In anderen Inkarnationen war er ebenso als sakrale Tänzerin verkörpert. Die Atmosphäre zwischen Priester und Tänzerinnen war nicht nur heilig. Es gab auch viel Zwietracht und Verrat, Machenschaften und sexuelle Exzesse. Nicht selten war ich in dieser Epoche und in unterschiedlichen Rangordnungen in ähnliche Macht-missbräuche verwickelt.

Eine merkwürdige Geschichte war die geplante „Kurzehe", die ich hätte eingehen sollen mit einem älteren Priester, dessen Inkarnation Pierre-François übernommen hatte. Ich war sehr jung vielleicht 12 oder 13 Jahre alt. Er war ein dominanter, einflussreicher Priester, der die Lebenskraft einer jungen Frau benötigte, um wieder zu Kräften zu kommen. Warum ich damals rebellierte, weiß ich nicht. Vielleicht mochte ich seinen Körpergeruch nicht! Mein Widerstand verursachte große Unruhe, denn es gab einerseits Rivalinnen, die gerne meinen privilegierten Platz übernommen hätten, andererseits Priesterinnen, die dafür zuständig waren, dass alles reibungslos ablief laut der langen Tradition. Die gewünschte Zusammenkunft zwischen dem alten Priester und mich war keine zufällige Entscheidung. Sondern die Mysterien-Hüter, die die Auren der Tänzerinnen wahrnehmen konnten, bestanden auf bestimmten, subtilen Kriterien, um ihre Wahl zu treffen. Ich erinnere mich nicht genau, wie diese Geschichte schlussendlich ausging und ich habe ehrlich gesagt nicht den Mut und die Lust, mich noch tiefer in diese alte Story hineinzusteigern. Jedoch verharrt ein Bild mit Persistenz in meinem Gedächtnis: dasjenige der jungen Priesterin, die in die Wüste wegläuft und kurz darauf zwangsmäßig und mit Gewalt in die Kellerräume des Tempels zurückgebracht wird. Diese ähneln einer Art Harem, wo die heiligen Tänzerinnen eingeweiht, gedrillt, gepflegt, behütet und von äußeren Einflüssen geschützt und abgegrenzt wurden.

Am liebsten würde ich die gesamte Galerie von verstaubten ägyptischen Statuen aus dem Fenster des Badezimmers herauswerfen. Ich nehme einen tiefen Atemzug und kehre zur gegenwärtigen Realität zurück. In dem Garten erblicke ich den jungen Mann mit der Schizophrenie wieder einmal von hinten. Seine Aura ist nicht mehr so belastet, aber er bräuchte unbedingt Hilfe. Ich habe für ihn gebetet, habe mich aber entschieden nichts Weiteres zu unternehmen. In diesem Haus muss ich mir klare Grenzen aufsetzen, denn alle Bewohner haben besondere Bedürfnisse und Schwierigkeiten. Die warme Dusche tut mir gut.

Ich steige die Treppen hinunter mit schweren Schritten und spreche laut und deutlich „Guten Morgen Pierre-François". Somit will ich ankündigen, dass ich nicht für irgendwelche Spielerei zu haben bin. Meine strenge Begrüßung trifft auf ein eisiges „Bonjour". Gut, denke ich, Botschaft angekommen. Wir können auf einer anständigen Basis weiterfahren.

Die Luft ist aber so dicht, dass ich mich bemühe, sie etwas zu lockern.

„Soll ich dir auch einen Kaffee kochen?"

„Danke, ich habe schon genug Kaffee getrunken."

„Ich weiß, woher wir uns kennen!" werfe ich heiter in die schwere Atmosphäre, um die Stimmung zu lockern vor allem aber um Pierre-François auf einen tieferen Diskurs zu steuern.

„Woher denn?" staunt er.

„In Alt-Ägypten! Wir haben mehrere gemeinsame Inkarnationen in Ägypten gehabt". Er wendet mir einen leeren Blick zu.

„Weißt du nicht mehr? Keine Erinnerung aus Ägypten?" frage ich.

„Nein."

„Das Badezimmer ist aber voll ägyptischer Statuen!"

„Ich habe mich mit Ägypten beschäftigt, genauso wie ich mich mit vielen anderen Themen auseinandergesetzt habe" sagt er in einem trockenen Ton, der definitiv zu keinem Zwiegespräch einlädt. Einverstanden, ich gebe auf.

Ich trinke meinen Kaffee in der Stille. Ich sitze meinem Gastgeber gegenüber am Tisch, wo er von morgens bis abends seine Münzen sorgfältig und systematisch einordnet. Dann teilt er mir den Plan für heute mit: Wir fahren zu einer Bekannten, steigen in ihr Auto um und fahren zu einer hübschen Kleinstadt, Honfleur genannt. Dort werden wir in einem guten chinesischen Restaurant speisen. Natürlich werde ich nichts essen, sondern einen Jasmin oder einen grünen Tee bestellen. Nachher fahren wir zu einem speziellen

Markt, wo Sammler Münzen und Briefmarken an- und verkaufen. Blanche, die Bekannte, sei eine liebenswerte Frau und sie freut sich, mich kennenzulernen. Pierre-François nimmt sich vor, ein paar Schnäppchen am Markt zu machen.

Das Eis ist gebrochen. Er ist freundlich. Ich fahre gerne mit und freue mich weg vom Haus zu sein und die Landschaft zu entdecken. Die Fahrt zu Blanche dauert ein paar Stunden. Ich habe eine kurze Frage über seine Jugend gestellt, die eine lange, ausführliche Antwort entfacht. Ich höre gerne zu, auch wenn ich nicht so viele Einzelheiten bräuchte. Es geht um seine früheren sexuellen Erfahrungen, wie leicht und großzügig man damals miteinander umging. Mit der Freundin der Freundin und so weiter. Schon gleich ins Bett gehüpft am selben Nachmittag, an dem man sich kennenlernte.

Irgendwann wird es mir zu bunt! Ich war auch dabei Ende der sechziger und siebziger Jahre, sage ich. Ich habe auch vieles probiert aus Neugierde und um herauszufinden, was gut für mich wäre. Ich habe mich ganz bewusst ausgetobt, um Frieden zu schließen, damit ich später kein Nachholbedürfnis empfinde. Ich bin der Meinung, man muss ja nicht immer wieder dasselbe wiederholen. Andere Lebensphasen andere Schwerpunkte. Ich mag grundsätzlich etwas Neues. Das ist die Evolution. Die Großzügigkeit der sogenannten sexuellen Revolution ist mir nicht besonders bekommen, auch wenn ich über viel Freiheit verfügt habe. Es war nicht selten, dass ich mich nach dem Geschlechtsverkehr beschmutzt und vereinsamt gefühlt habe. Öfters hatte ich das Gefühl, ich hätte etwas Heiliges verschwendet mit jemandem, der zwar eifrig war aber es eilig hatte sein Ding durchzuziehen, als ob ich nicht wirklich dabei wäre. Die meisten Typen hatten wenig Ahnung, hielten sich aber für ein wahres Geschenk an Frauen.

Ich versuche, Pierre-François zu erklären, warum ich die sogenannte sexuelle Revolution als nicht nur positiv betrachte. Eigentlich sind wir unter Druck gestanden, uns wie die anderen zu verhalten. Nämlich nie „nein" sagen zu können. Wählerisch war ich schon, aber ich hätte mir Einiges von vorne herein sparen können. Eine echte Befreiung war es nicht, denn die jungen Menschen waren unbewusst und vor allem ziemlich unvorbereitet. Obwohl ich vom Elternhaus gut informiert war, schien mir eine doppelte Moral an der Tagesordnung zu sein, öffentlich so, privat so. Außen galt Frau als versaut, innen soll sich Frau als hemmungslos geben, sonst wurde Frau als verkrampft oder verkorkst bezeichnet. Das war der Maßstab für Mädchen natürlich. Männer durften sich geben wie sie wollten und ihrem Instinkt folgen. Sie wüssten angeblich, wie das geht durch ihren speziellen Trieb, den sie angeblich nicht bändigen können. Was für ein Begriff der Männlichkeit ist das? So eine bodenlose Dummheit! Im Gegensatz dazu habe ich meine Gefühle, meine seelischen und körperlichen Empfindungen entdeckt und bin ihnen gefolgt. Die Achtsamkeit, die Zärtlichkeit, die Freude, die Hingabe, die Schönheit, die Aufmerksamkeit fürs Detail, die Rücksicht im Umgang miteinander als auch die Pflege der Umgebung waren mir so wesentlich, wurden aber öfters nicht geschätzt oder zu wenig beachtet und kamen öfters abhanden. Der ehemaligen

Priesterin in mir fehlte das Ritualistische, die sakrale Begegnung, die hochwertige Schätzungsmacht der Hingabe an den Augenblick und des heiligen Aktes sowie dessen kosmischer Dimension. Am Schluss blieb eine Stimmung von Leere trotz vieler Aktion. Wie wenn jemand einen billigen kalorienreichen Fleischbürger gierig und eilig hinunterschluckt ohne echten Nahrungswert und voll giftiger Zusatzstoffe. Kurz darauf plagt der Hunger wieder, denn es mangelt der Seele, den Sinnen und den Zellen an echter Nahrung, authentischem Genuss, Sättigung und Befriedigung. War das die sexuelle Revolution? War das alles?

Wir kommen nun gleich bei Blanche an, sodass die gegensätzlichen Ansichten zwischen Pierre-François und mir sich nicht die Stirne bieten müssen. Die verklemmte, kopflastige, strenge Tante gegen den ewigen junggebliebenen Verführer, immer parat, immer lustig. So könnte ich unsere beiden Positionen bildlich gegenübersetzen!

Blanche wohnt in einem schönen Haus umgeben von einem wunderschönen Garten, der sehr gepflegt ist und voll ungewöhnlicher Pflanzen und Stauden. Als wir durch die Tür hineintreten, legt Pierre-François seinen Arm um meine Schultern und schiebt mich leicht vor. Er stellt mich Blanche vor mit den folgenden Worten: „Hier ist meine Lebensgefährtin."

Es wird mir schwindlig. Ich ziehe meine Augenbraunen hoch! Ich denke „Was? Ich bin wirklich im falschen Film!", finde aber nicht den französischen Ausdruck dafür und bleibe sprachlos. Blanche umarmt mich freundlich und küsst mich fest auf beide Wangen. Hat sie mein Unbehagen wahrgenommen? Hat er mein Unwohlsein gespürt? Er, der so hellsichtig und feinfühlig ist, der alles sieht und angeblich weiß.

Ich will ab sofort, dass er klar und deutlich meine Zurückhaltung, meine Vermeidungstechniken registriert und meine Ablehnung, sein Spiel mitzumachen, definitiv kapiert. Leider sind meine Manöver von Blanches sprudelnder Gastfreundlichkeit und Fröhlichkeit überdeckt. Sie will alles schön und perfekt für uns organisieren und uns besonders großzügig empfangen. Sie liest Pierre-François jeden Wunsch von den Augen ab. Sie ist liebevoll, begeistert und besitzt ein goldenes Herz. Sie scheint mir aber auch naiv zu sein. Er gibt ihr Anweisungen und Aufgaben zu erfüllen. „Ja, ja, sie wird alles parat haben, auch wenn sie um vier Uhr morgens aufstehen muss" erwidert sie.

Blanche ist vielseitig begabt, sie weiß sehr viel über Botanik, Malen, Buddhismus und viele andere Bereiche. Sehr fleißig hilft sie hier und da armen Menschen, Flüchtlingen und Künstlern. Sie nimmt engagiert an ganz unterschiedlichen Projekten teil. Ich finde sie persönlich aber auch ihre ausgelebte Herzlichkeit, ihre Spontaneität und ihre Freigebigkeit durchaus bewundernswert. Ich stelle mir aber folgende Frage: Ist sie ihm hörig? Was für eine Beziehung haben sie denn zu einander?

Wir besuchen Honfleur, ein wunderschönes, gepflegtes Städtchen. Pierre-François tritt jetzt auf mit seinem tiefen Wissen und zeigt uns besondere Stellen in der Kirche und in der Umgebung sowie Orte, die eine besondere Ausstrahlung aufweisen. Diese Rolle erfüllt er mit Würde und Kompetenz.

Im Restaurant setze ich mich ihm quer gegenüber, so dass ich nicht seine Energien, Chakra um Chakra, voll abkriege. Blanche freut sich aber diesen Platz zu besetzen und sitzt ihm direkt gegenüber. Sie redet pausenlos, was mir eine Pause verleiht, um zu überlegen und zu beobachten.

Gut, dass ich ganz sportlich für das Ländliche angezogen bin mit meinen Wanderschuhen. Für diese Gelegenheit habe ich mich aber ein wenig eleganter gekleidet. Ich trage ein feines dunkelblaues Top mit Spitzen und eine Kette aus herrlich geschliffenen blauen Saphiren. Einmal schaut mich Pierre-François mit Begehren und Leidenschaft an, aber nur kurz, bis er meinem strengen Blick begegnet. Mein „no – nonsense" Look.

Blanche besetzt die Bühne. Ich lache freundlich über ihre Geschichten. Plötzlich merkt sie, dass er nicht zuhört. Er gibt auch zu, dass ihre Erzählungen ihn langweilen. Deshalb hat er abgeschaltet. Sie ist kurz empört, lacht, erzählt weiter und wendet sich an mich. Ich gebe nur eine kurze Antwort und sie fährt weiter. Irgendwann will er gehen. Sie klagt, dass sie wieder für ihn zahlen muss.

Wir fahren ziemlich weit und erreichen endlich den Markt mit Blanches Auto. Dort macht Pierre-François gute Geschäfte. Er ist zufrieden. Sie ist ihm gefolgt und hat alles für ihn getragen. Sie hat die Übersicht behalten. Sie hat Freude daran, ihn zu unterstützen und zu beraten. Sie ist die graue Eminenz hinter diesem Mann.

Er will nach Hause. „Nein, noch nicht, kommt doch vorbei zu mir. Dies und das wollte ich dir noch zeigen und geben und dein Auto musst du sowieso abholen." Bei Blanche verbringen wir längere Zeit. Offensichtlich genießt sie seine Anwesenheit und will ihn nicht so leicht loslassen. Sie zeigt uns ihren Garten, der wirklich außerordentlich ist. Wahrlich eine Lichtoase von Naturwesen bewohnt. Da sie außerordentliche Kenntnisse über exotische Vegetation besitzt, hat sie seltene Pflanzen gezogen. Sie freut sich innbrünstig ihre Begeisterung, ihr Wissen und Können und die spätsommerliche Pracht ihres Gartens mit uns zu teilen. Ich schließe sie in mein Herz. Während Blanche und Pierre-François sich unterhalten erblicke ich sogar Naturwesen in einem wilderen Teil des Gartens. Sie frohlocken zwischen den Bäumen und den Stauden. Wunderschön! Kurz sind wir, Blanche und ich, zusammen und sie vertraut mir an, dass „Er alles für sie sei, alles was sie sich je in einem Mann gewünscht hätte". „Super!", fange ich an und wollte noch ergänzen: „Nur zu, meine Liebe, nur zu! Ich persönlich will nichts aber gar nichts von ihm". Plötzlich steht er da. Sein unerwartetes Auftreten lässt mich verstummen. Blanche sprudelt sowieso weiter. Irgendwann richtet Pierre-François seinen Zeigefinger in die

Richtung des wilden Gartenteils, wo ich kurz vorher Naturwesen erblickt hatte. „Dort ist es schön. Ja, da ist eine gute Energie", meint er als wir ihm dorthin folgen. „Wenn du Mal eine Bank aufstellen möchtest, wäre es hier der beste Ort dafür, der optimalste sogar." Eine ungebetene Beratung für Blanche. Von den Naturwesen nimmt er anscheinend nichts wahr. Vage spürt er, dass die Energie dort gut ist. Alles gut und schön. Aber wo ist diese besonders scharfe Hellsichtigkeit, die er zusammen mit Techniken in einem seiner Hefte zur Schau stellt? Nun brechen wir langsam auf.

Ich sitze jetzt zusammen mit meinem Gastgeber im Auto auf dem Weg nach Hause. Er spricht nicht sehr liebevoll noch respektvoll über Blanche. Sie sei zu dick und plappert zu viel. Persönlich bin ich froh über Blanches Gesprächigkeit. Ich durfte still sein und meine Energien zusammenhalten. Nach einer Pause, gerade als das Auto an einer Ampel steht, lehnt er sich in meine Richtung und flüstert mir ins Ohr: „Ich bin nicht daran gewohnt, lange auf eine Frau zu warten." Ich kann nur staunen über seine Macho-Arroganz und seine Aufdringlichkeit. Ich bin entsetzt. Würden wir draußen stehen, würde ich ihm eine Ohrfeige geben. Hier im engen Auto und beim Fahren habe ich praktisch keine Handlungsfähigkeit. „Reine Arroganz" lache ich ihn aus. In dem Moment kann ich mich auf keine bessere Reaktion zusammenraffen.

Das ist definitiv nicht die Art und Weise, mich zu verführen. Im Gegenteil. Dieses Gehabe stellt mich nicht nur ab, sondern ich entwickle eine Abneigung gegen diesen Mann und sein unangebrachtes Verhalten. Ich ziehe den schwersten Keuschheitsgürtel an, der je hergestellt worden ist. Die Ausführung mit drei Schlössern (deren Schlüssel ins Meer geworfen wird). Mein Lieber, du kriegst mich bestimmt nicht. Ich mag das Plumpe, Geschmacklose nicht. Von so einem intelligenten, spirituellen Menschen, dessen Schriften ich sehr schätze, habe ich schon ein ganz anderes Benehmen erwartet.

Jeder Mensch ist ein multidimensionales Wesen. Innerhalb unseres irdischen Daseins befinden sich unterschiedliche Reifungsfacetten der Persönlichkeit. Manche Anteile können weit entwickelt sein, andere eher unreif, denn die Entfaltung ist vielseitig und von Lebens-Aufgaben und -Lektionen abhängig sowie von den Prioritäten der Seele und den konkreten Lebensumständen. Vor allem ist die vielseitige Entfaltung nicht unbedingt synchron unter den verschiedenen Anteilen. Ich überlege mir, wie ich mit dieser neuen Wandlung umgehe. Damit hatte ich nicht gerechnet und es gab keine Vorzeichen, dass mein Gastgeber sich auf diese Weise verändert hatte und welche Erwartungen er auf mich nun projizierte.

Offensichtlich fühlt er sich einsam und ist auf der Suche nach einer Frau. Naja, hat er noch nicht gelernt, dass eine Beziehung sich zu zweit abspielt, oder braucht er lieber eine Plastik-Puppe? Sie bietet sicherlich keinen Widerstand. Hat der gute Mann noch nicht erfahren, dass die Blüte zuerst ihren Kelch aufmacht, bevor der Nektar zur Gabe gestellt wird? Hat er nicht verstanden, dass die Frau entscheidet, ob sie die Tür öffnet oder nicht? Wer eine Öffnung erzwingt oder die Tür niederschlägt, trägt die tiefe Verletzung der Reue, die ihn lange Zeit verfolgen wird. Denn das Übertreten der persönlichen Grenze und des individuellen Willens trägt im karmischen Zusammenhang einen hohen Preis.

Abends bin ich angespannt, reizbar und eher schlecht gelaunt. Am liebsten würde ich ihm sagen, er solle mich zum Bahnhof fahren. Jetzt gibt es aber keinen Zug bis morgen früh.

Pierre-François schaltet den Fernseher an. Jetzt ist ein wenig Ablenkung gerade das Richtige. Wir nehmen Platz auf zwei breiten Sesseln, die nebeneinanderstehen. Ich versuche mich auf den Bildschirm zu konzentrieren und meine Verstimmung zu dämpfen. Ein bisschen Abwechslung, Zeitvertreib. Üblicherweise bin ich nicht dafür, dass man flüchtet oder vermeidet, was zu konfrontieren ist. Aber gerade jetzt will ich diesen Mann nicht beachten. Ich tue, als ob er nicht da wäre. Mit meiner Absicht spaziere ich in den Bildschirm hinein und fühle mich von dem Glamour der Veranstaltung umgeben. Es geht um eine Sendung, wo verschiedene Tanzpaare im Wettbewerb miteinander stehen.

Die Ablenkung gelingt mir aber nicht vollständig. Ich bekomme mit, dass er seinen linken Arm ausstreckt. Und plötzlich liegt seine Hand auf der Seitenlehne in meine Richtung. Zuerst ignoriere ich sie. Dann schaue ich sie unauffällig aus meinem Augenwinkel an. Wartet sie, dass ich sie mit Innigkeit festhalte, dass ich sie zufällig streichle? Ich starre auf sie und suche nach Worten. Unbequem zieht er sie zurück auf seinen Sessel.

Zusätzlich zu dieser unterschwellig unangenehmen Situation ist die Fernsehsendung auch noch unerträglich dumm und oberflächlich. Um 21.15 Uhr verabschiede ich mich für die Nacht. Diese Tage ist der Ruf des Vor-Mitternacht-Schlafs besonders früh, flüstere ich mir sarkastisch zu, als ich die Treppe hochgehe. Die Katze liegt auf meinem Bett. Sie schaut mich nicht einmal an, als ich den Raum betrete.

DIE NACHT

Nächtliche Überlegungen.

Diese Nacht habe ich Schlafprobleme, sowohl Einschlaf- wie Durchschlafprobleme, was für mich besonders im pranischen Zustand äußerst ungewöhnlich ist.

Diese seltsame Lage macht mir zu schaffen. War ich naiv in meiner Annahme, dass er ein seriöser Mensch war? Habe ich eine unbegründete Bewunderung auf ihn projiziert? Habe ich mich getäuscht? Bin ich irgendwie in eine Falle geraten? Mit dieser Art von Verhalten hatte ich gar nicht gerechnet und fühle mich fassungslos vor dieser Grenzüberschreitung.

Im Allgemeinen und äußerlich ist Pierre-François freundlich. Er nimmt mich überall mit. Seine Kinder sowie seine Bekannten nehmen mich sofort an. Ich will aber nicht aufgenommen werden in dieser „Gemeinschaft". Ich bin hier auf Besuch und schätze sehr, dass alle so gutmütig sind, jedoch ist das ihre Welt und nicht meine. Ich fühle mich keineswegs „zu Hause" hier. Das Ungepflegte, der Dreck, das Vernachlässigte, das alte Haus sind mir unangenehm. Sie erinnern mich an das Haus meines Vaters: es war vollgestopft mit teilweise wertvollen Sachen aber auch mit alten Betten, Schränken, Decken, Tapeten und so weiter. Der Geruch von alter, abgestandener Luft staut sich in meinen Nasenlöchern. Er ist mir widerlich. Das Ungepflegte macht mich traurig: der Mangel an Zuwendung, an Achtsamkeit für das Potential, die Möglichkeiten, die einfach da brach liegen. Meine unmittelbare Umgebung ist voll Staub, ich habe kaum Platz meine Sachen auszubreiten. Ich fühle mich nicht wohl. Im Allgemeinen bin ich genügsam. Aber der Dreck, die seit Jahren herumliegenden Dinge und die schweren Energien, die sich angesammelt haben, empfinde ich als deprimierend.

Heute Nacht ist es mir kalt unter der einzigen Decke.

Die Umgebung und der Sammlergeist sowie die Einstellung und sogar die körperliche Haltung von Pierre-François erinnern mich an meinen Vater. Ich nehme an, dass Sammler eine ähnliche Sorgfalt entwickeln im Umgang mit ihren feinen Stücken: das Methodische, die Ordnung, die Begeisterung, die Hingabe und die ungeteilte Aufmerksamkeit unter anderem. Diese Fähigkeiten entfalten sich in einem Rahmen, der Rückzug und Schutz vor der Realität bietet. Die Konzentration fokussiert sich auf die Aufgabe. „Man hört auf zu denken" wie mein Gastgeber zugibt. Der Sammler findet vielleicht in dieser Tätigkeit einen Raum, in dem er sich nach innen zurückzieht, ohne sich mit sich beschäftigen zu müssen. Dort findet er eine heile Welt, wo keine Konfrontation oder Bedrohung einbricht. Diese heile Welt ist von ausgewählten Gegenständen und festgelegten Regeln und Werten bewohnt.

Durch die Parallelen zwischen meinem Gastgeber und meinem Vater ist mir dieser Aufenthalt noch schwerer zu ertragen. Darüber hinaus hat sich der gesundheitliche Zustand meines Vaters in den letzten Wochen dermaßen verschlechtert, dass er jederzeit diese Ebene verlassen könnte. Was ihn sehr präsent in meinen Gedanken macht. Ich bin täglich darauf vorbereitet, eine Nachricht meiner Schwestern zu erhalten, die mir sein Ableben mitteilen könnte. Erinnerungen tauchen auf und ich spüre eine große Dankbarkeit für alles, was er mir mitgegeben hat. Und dies, auch wenn ich mich manchmal gegen ihn oder was er mir aufsetzen wollte, aufgelehnt habe.

Hier bei Pierre-François liegt mein Unwohlsein nicht nur an dem Haus selbst, sondern auch in seiner Abgelegenheit. Ich bin gerne auf dem Lande, aber wenn ich nicht freikommen und gehen kann, fühle ich mich frustriert, eingesperrt, unselbstständig, unabhängig, wie im Gefängnis. Ich bin daran gewöhnt mit öffentlichen Verkehrsmitteln meine Bewegungsfreiheit täglich zu genießen. Ich gehe gern zu Fuß, und zwar stundenlang. Morgen Sonntag werde ich zum Dorfkern vier Kilometer entfernt laufen, da es keinen Bus gibt.

Der Auslauf wird wohltuend sein. Mit diesem Gedanken schlafe ich wieder ein.

Ein paar Stunden später wache ich auf mit dem Schmerz der Enttäuschung. Ich kam hierher mit der Erwartung mich über geistige Themen zu unterhalten. Hier bin ich, um Neues zu entdecken und zu lernen, mich in einer spirituellen Atmosphäre zu regenerieren. Ich sehne mich nach tiefen Gesprächen, neuen Betrachtungen und viel Weisheit im Austausch und im Umgang mit Pierre-François als Autor, Heiler, Therapeut und Berater.

Was begegnet mir? Ein alltägliches, oberflächliches Gerede, das im Handumdrehen tiefere Themen wegschiebt. Er scheint spirituellen Themen völlig überdrüssig zu sein. Er vermittelt nicht den Eindruck, dass er irgendwie an sich gearbeitet hat oder versucht hat, irgendetwas aus seinen Lehren integriert zu haben. Er stellt sich dar, wie ein Muttersöhnchen, dem alles gelungen ist im Gegensatz zu seiner Schwester, von der seine Mutter nichts hält. Diese besagte Schwester habe sich gänzlich von der Familie verabschiedet. Er hat keine Kontakte zu ihr und weiß nicht einmal, wo sie wohnt. Andere Familienmitglieder außer seiner Mutter hat er auch nicht. Aber seine Mutter ist darauf stolz, dass „er es geschafft hat, dass er erfolgreich und bekannt geworden ist". Er hat Geld, ein Haus, Kinder. Und mit seiner Selbstzufriedenheit kommt er sehr gut zurecht. Wenn etwas mangelt, liegt es automatisch beim Gegenüber: seinen Ehefrauen, seiner Schwester, seinen gelegentlichen Arbeits- oder Geschäftspartnern, auch seinen Klienten und so weiter.

Doch er ist freundlich und ausgewogen im Umgang mit Nachbarn, mit seinen Kindern, mit seinen Bekannten. Mir gegenüber überschreitet er immer mehr Grenzen und wird ein paar Mal leicht ungehalten.

Wo ist der Hellseher, der hoch Sensitive, der Mensch, der Aura-sichtig ist und alles hinter der Fassade sieht? Bei mir sieht er absolut nichts. Ich bin einfach eine Projektionsfläche für seine Suche nach einer Frau.

Er hat über Divination und Weissagen geschrieben, über die Zeichen, die auf Zukünftiges hinweisen können. Offensichtlich. hat dieses Wissen ihm mit den zwei gescheiterten Ehen nicht gedient. Von meinen Erinnerungen an Ägypten will er nichts wissen. Er sei jetzt pensioniert! Meiner Ansicht nach ist Spiritualität kein Beruf, sondern ein Lebensweg und eine Lebensweise, ein Bewusstseinszustand. Diese können beruflich eingesetzt werden. Aber ohne spirituelle Haltung, entsteht kein authentisches Weitergeben der Spiritualität und keine persönliche Kohärenz. Man kann sich nicht davon verabschieden wie von einer Arbeitsstelle, einer Rolle, einem Gegenstand. Hat er die Funktion aufgesetzt, ohne dahinter zu stehen? Als er erzählt, er hätte so viele Berufe ausgeübt darunter Schauspieler, räume ich nun ein, dass manches für ihn wohl nur eine Darstellung sein könnte.

Es mag faszinierend sein, dass jemand vielseitig ist und über eine reiche Persönlichkeit verfügt. Über seine Verwandlung bin ich aber weniger begeistert: vom spirituellen Autor zum älteren, ungepflegten Mann, der unbedingt eine Frau haben will. Die selbstverständlichen Jugenderfolge mit Frauen verleihen ihm ein unerschütterliches Selbstbewusstsein. Der Frauenschwarm (wenn er je einer wirklich war) ist aber 70 Jahre alt. Heutzutage im Allgemeinen und in meinem präzisen Fall besteht eine Frau darauf, dass ihre Gefühle, ihre Lebenssituation und ihre eigene Meinung mit einbezogen werden. Eine Frau lässt sich nicht einfach wählen wie ein Stück Vieh. Eine gegenseitige Übereinstimmung, Anziehung und Zuneigung sowie eine grundsätzliche Resonanz und Interesse müssen vorhanden sein. Nicht nur zeige ich keine Begeisterung für seine Bemühungen, sondern Ablehnung, Strenge und Abgrenzung. Meine Reaktionen legen eher Vermeidungsmanöver zutage als Entgegenkommen oder Ermutigung. Zunehmend werden beide, der Ton und der Inhalt meiner Antworten, regelrecht ablehnend und zu klarem Widerspruch. Ich lache viel, um die Situation zu lockern und weil ich sie lächerlich finde. Wie kann ich so einer Blendung erliegen? Habe ich positive Eigenschaften auf diesen angeblich „spirituellen Mann" projiziert, die er in Wirklichkeit nicht besitzt? Spiegelt seine schauspielerische Begabung eher eine manipulative Fragmentierung, die eine Maske über die Befriedigung persönlicher Bedürfnisse trägt?

Pierre-François befindet sich nicht nur in einer überholten Rolle voll unrealistischen Glaubenssätzen, die am Bröckeln sind, sondern er enthüllt sich als bornierte Persönlichkeit. Es geht um einen Macho, der unbedingt eine Frau haben will, um seinen noch aktiven hormonellen Pegel zu pflegen (wie er mich noch unterrichtete). Es geht um einen verlorenen kleinen Jungen, der eine Mutter sucht und schlussendlich eine fleißige Krankenschwester, die ihn in seinen älteren Jahren pflegen wird. Diese Rollen entsprechen aber gar nicht meiner Persönlichkeit oder meinem zukünftigen Vorhaben.

Er hat mir erzählt, dass er ständig in Beziehungen war praktisch ohne Übergangsphase von einer Partnerin zu der Nächsten. Dadurch hat er ohne Unterbrechung die kraftgebende Unterstützung und die inspirierende Begleitung einer Frau genossen, ohne die Gelegenheit das Alleinsein in lernfähigen Jahren zu üben. Dafür hat er mein ganzes Mitgefühl, denn die Einsamkeit fällt umso schwerer im Alter. Daher ist es nachvollziehbar, dass er so viel Eifer zutage legt, um eine Frau zu finden. Jedoch ist das Entfliehen vor dem Allein stehen oder gar vor der Einsamkeit nicht seine einzige Motivation. Sondern die selbstverständliche Annahme, dass, wenn ein Mann und eine Frau sich begegnen, eine sexuelle Beziehung daraus entstehen sollte. Besonders, wenn sie ihm gefällt. Ob er ihr gefällt, ist zweitrangig. Aber nicht bei mir. Diese Selbstverständlichkeit habe ich seit der Jugend bestritten. Ich war immer gegen diese ungeschriebene Regel, die scheint zu kursieren auch unter Frauen: sie soll sich geschmeichelt fühlen, wenn er sie umwirbt. Was für eine Gnade, dass er sich für sie interessiert! Auch wenn er ungeschickt ist oder seine Geilheit auf mehr oder weniger appetitliche Weise äußert. Er zeigt ihr seine Aufmerksamkeit und bläst dabei sein Ego auf. Und sie soll sich geehrt, glücklich und dankbar fühlen, dass er sie gewählt hat? Was für ein krankes Spiel ist das!

Ich bin die Königin, die in der Mitte im Labyrinth sitzt und beobachtet wie achtsam er sich auf mich zubewegt. Ich untersuche seine tiefsten und geheimsten Motive und erforsche die Reinheit und Großzügigkeit seines Herzens. Ich entdecke jede seiner natürlichen Neigungen und ahne seine noch aufzuwachenden Fähigkeiten. Ich schätze jedes Streben nach Gleichwertigkeit, Selbstrespekt und Achtsamkeit. Ich achte auf Weisheit, Gleichgewicht, Wertschätzung und Würde sowohl dem Selbst gegenüber wie der begehrten Frau gegenüber. Ich freue mich auf Kreativität und Originalität, aus dem Potential und aus der Spontaneität, die vom Herzen entstehen. Ich bin die Königin in der Mitte im Labyrinth, die auf ihn wartet, nicht nur passiv und rezeptiv, sondern mit mitbeteiligter Regung und weiser Entschlusskraft. Möchte ich ihn empfangen, wenn er überhaupt durch das Labyrinth den Weg zu mir findet? Ist er für mich geeignet? Besteht eine tiefere Übereinstimmung zwischen uns? Ist diese Begegnung für uns beide eine Bereicherung? Ist unser Zugang zueinander konstruktiv und auf Fürsorge und Entgegenkommen gegründet? Fühlt sich das Herz in uns angesprochen? Ist eine magische Anziehung, das Mysterium der alchemistischen Attraktion vorhanden? Ist eine konkrete, praktische Basis für uns vorhanden, um etwas aufzubauen? Wie kommt er voran in diesem Labyrinth? Wie geht er mit Misserfolg, mit

Frustration um? Ist er beständig in seinem Eifer? Wie authentisch ist seine Sehnsucht? Ist sie nur ein vorübergehender Nervenkitzel, eine neue Errungenschaft oder ist seine Motivation vollständig auf die Erfüllung der Seele ausgerichtet?

Ich bin die Königin in der Mitte im Labyrinth und ich treffe die Entscheidung, ob wir ein Paar werden oder nicht. Was für ein Wesen sitzt hinter der Fassade der Persönlichkeit? Das ist was mich interessiert.

Es ist ihm aber nicht bewusst, dass er ausgewertet wird und er trampelt weiterhin auf dem alten erprobten Erfolgs- und Egotrip. Ungehobelt und stur. Teilweise geschmacklos und aufdringlich. Nein, das ist alles nicht stimmig für mich: so ein Mann spricht mich gar nicht an und die Umstände sind gar nicht geeignet. Er nimmt mich auch nicht als Person wahr, sondern als eine Frau, die ein Ende für seine Einsamkeit bringt. Besteht überhaupt eine Reziprozität zwischen uns? Ob ich zufrieden wäre, mit dem, was er anzubieten hat? Ob ich Erfüllung finden würde in diesem schmuddeligen, vernachlässigten Haus? Solche Betrachtungen sind ihm fremd und haben nicht einmal in seinem Verstand einen kleinen Platz. Der unreife Mensch ist selbstbezogen. Für die unentbehrliche Gegenseitigkeit hat er keinen Platz.

Ich frage meinen Fahrer, ob er Lektionen, Reflektionen aus seinen gescheiterten Ehen gezogen hat.

Grundsätzlich hat er sich nicht viele Gedanken gemacht, sondern er hat schnell und skrupellos gehandelt. Und dann gab es natürlich auch die vielen anderen Frauen… Oh wie interessant… und ich schaue in die Landschaft hinaus, als wir fahren. Ich stelle geografische und geschichtliche Fragen als Ablenkung.

Das sind die Gedanken, die mich in dieser unruhigen Nacht wachhalten. Ich spiele mir die Ereignisse und die Gespräche des Tages wieder vor.

Das Rätsel besteht für mich darin zu verstehen, wie er so gute Bücher geschrieben hat, obwohl das Ganze scheint, ihm fremd zu sein. Er hat nichts integriert. Er lebt überhaupt nicht vor, was er beschreibt oder empfiehlt in seinen Heften, nicht einmal die Ernährungsweise. Er setzt nichts um und scheint unfähig mit Lagen umzugehen, wofür er als Spezialist in der Fachliteratur gilt. Pierre-François zeigt sich vollkommen unfähig, mit dem gestörten jungen Mann umzugehen, dessen Symptome typisch sind, für eine durch Drogen ausgelöste Besessenheit. In seinen Büchern hat der ex-spirituelle Lehrer wertvolle Hinweise geliefert. Aber im wahren Leben und in der Praxis verleiht er mir einen ignoranten und unfähigen Eindruck. Das Wissen kann er nicht selbst entwickelt haben. Das Wissen hat er abgeschrieben. Die ganze Sache ist eine rein intellektuelle Übung und keine Weisheit, die gelebt wird. Noch weniger eine spirituelle Berufung. Das ist der Schluss, den ich aus diesem näheren Kennenlernen ziehe. Es ist für mich eine große Enttäuschung, aber ich bin froh, dass ich die Illusion jetzt durchschaue.

Ich sollte aber endlich wieder einschlafen. Natürlich liegt die Katze weiterhin am Ende des Bettes und beobachtet mich mit halb offenen Augen. Ich versuche sie zu ignorieren, zu tun, als ob sie nicht da wäre. Dann nehme ich mir vor, sie sanft vom Bett zu entfernen mit meinen Füssen von unter der Decke. Sie streckt sich und schimpft leise mit mir. Sie lässt sich dann nieder auf der anderen Seite des Bettes, ein wenig höher, so dass sie sich einschmeichelt in meiner Kniekehle. Ich resigniere. Ich schlafe endlich ein mit dem befreienden Gedanken, dass mein Gastgeber sich morgen etwas vorgenommen hat. Einen großen Teil des Tages verbringe ich also alleine und frei.

VIERTER TAG

Endlich alleine. Überlegungen. Über dem Dach. Vater und Sohn. Die Übersetzung meines Buches. Bellas Zugeständnis. Bella ins Licht führen.

Ich höre, wie Pierre-François früh aufsteht und kurz darauf das Haus verlässt.

Ich döse noch eine Zeitlang und entscheide mich, mir einen schönen Tag alleine zu gestalten und meiner Lektüre und weiteren Interessen nachzugehen.

Als ich aufstehe scheint die Sonne und ich nehme mir heute einen ausgeweiteten Spaziergang vor.

Zuerst verbringe ich aber längere Zeit im Bad und mit meinen spirituellen und körperlichen Übungen. Ich trinke genüsslich einen Morgentee und erhole mich von der unruhigen Nacht.

Ich spüre eine große Dankbarkeit für das Vertrauen und die Großzügigkeit, die mir Pierre-François, seine Familie und seine Freunde entgegenbringen. Ich bin auch dankbar, dass das Haus mir zu Verfügung steht. Seine Tochter denkt, ich sei „die richtige Frau für ihn". Er ist damit einverstanden und schaut mich mit funkelnden Augen an, als er die Begeisterung seiner Tochter mit mir teilt. Ich bin aber nicht bereit in diese Familie „hineinzusteigen". Sie haben keine Ahnung von dem interessanten, selbstbestimmten Leben, das ich in meinem Wahl-Land führe. Sie interessieren sich auch nicht dafür und fragen nicht danach.

Seltsam wie man auch noch heutzutage eine Frau „unterbringen" kann… jetzt im 21. Jahrhundert in Europa. Ich finde es zusätzlich interessant, wie eine andere Frau diese Rolle übernimmt: in diesem Fall die Tochter für den Vater. Auch in einer Kleinstadt habe ich ebenso erlebt, wie eine Maklerin sich überlegte, ich sei doch als Französin die passende Mieterin für die Wohnung des alten Herrn. Ich wäre ja eine gute Abwechslung von der bösen Russin, behauptete sie. Wohnung und alter Herr zu vermieten: „two in one" sozusagen! Ist ja der Hit des Jahres, nicht wahr? Ich weiß nicht, ob die russische Dame zuerst Mieterin war, aber er hatte sie geheiratet und hatte sich von ihr vor kurzem scheiden lassen, weil sie darauf bestand, das Haus zu erben, erzählte er mir. Aber ich stehe nicht besonders auf alte Herren und auch nicht auf Besitz. Es war klar, dass ich diesen Mann auf gesunde Entfernung halten würde. Und das war bei ihm besonders notwendig, denn er war der König der Grenzüberschreitung.

Eigentlich dürfte ich froh sein, dass ich sofort das Vertrauen der Menschen gewinne und so einen guten Eindruck mache. Das Vertrauen schätze ich, aber nie lasse ich mich auf Machenschaften ein. Ich kann die Motivation hinter der Handlung ziemlich schnell durchschauen. Darüber hinaus gibt mir meine Intuition Bescheid, ob das Terrain, worauf ich mich begebe durch das einladende Angebot im Einklang mit meinem Wesen ist oder nicht. Das heisst, werden da meine Freiheit und meine Individualität geachtet oder nicht? Ist das anziehende Angebot ein Köder, der zu Freiheitsentzug führt?

Es gab auch diesen Herrn aus dem mittleren Osten, sehr intelligent, hoch ausgebildet, weltbereist, erfolgreich... der Traummann oder fast. Wir trafen uns an einem bescheidenen Ort, wo Zugereiste ihre Kunst zeigten. Wir sahen uns mehrmals. Durchaus interessant war dieser Mann, aber krank in seiner Psyche. Mein Herz als Liebende blieb geschlossen und mein freundlicher aber distanzierter Umgang bestand weiter: ich öffnete keine weitere Türe. Er trug teure Kleidungstücke. Das beeindruckte mich nicht, obwohl ich tatsächlich eine Schwäche für Qualität und schöne Stoffe habe. Dann holte er mich ab mit irgendeinem Luxuswagen und erzählte mir lange darüber und wie viel er kostet, bis ich anfing zu gähnen. Solange ein Auto fährt und ich es nicht stoßen muss, ist der Wagen für mich in Ordnung. Geld wollte er mir ausleihen. Nein, danke, meine Freiheit und meine Unabhängigkeit sind unbezahlbar. Eine finanzielle Abhängigkeit ist besonders für Frauen unbedingt zu vermeiden. Ökonomische Selbstständigkeit immer im Auge behalten und lieber Kartoffeln die ganze Woche essen. Eher verzichten, als sich in eine verzwickte Situation zu begeben, woraus es sehr schwierig sein kann herauszukommen. Es kam noch dazu, dass der feine Herr in einer zerstörten Ehe lebte, wo keiner von den Partnern sich scheiden lassen wollte. Er meinte, es sei doch ideal, wenn ich als zweite Frau fungieren würde. Wie kommen diese Männer auf solche Ideen, mich in ihrem Leben auf die Art und Weise integrieren zu wollen? Schwachsinn. So etwas strebe ich auf keine Weise an. Ich habe mein eigenes Leben zu führen, meinen Seelenauftrag zu erfüllen, ich will meine Freiheit auskosten, mein Geld auszugeben, wie ich es für richtig halte, meine Zeit verbringen, wie es mir gefällt und meine Entscheidungen aus freiem Stück treffen. Ich stehe nicht zur Verfügung, um leere Plätze im Leben von anderen Leuten zu stopfen.

Und jetzt bin ich in die Rolle der „richtigen Frau" für Vater hineingerutscht. Eine Premiere. Über Nacht wäre ich Ehefrau, Mutter-Ersatz für zwei erwachsene Kinder und Großmutter für deren Enkelkinder geworden. Schön aber gar nicht meins.

Zumal da der Mann selbst mir gar nicht gefällt, und zwar jeden Tag weniger. Ich bin da aus spirituellen und intellektuellen Gründen, weil seine Schriften mich interessieren. Ich bin da für ein wenig Inspiration, für eine neue Orientierung, für einen gleichwertigen Austausch.

Das sieht der Monsieur in seiner Blindheit aber gar nicht. Keine Behandlung, kein Unterricht, keine vertieften Gespräche, wo ich neues Wissen einordnen und interessante Methoden entwickeln könnte. Nein, er will mich an seiner Seite, um die Lücke zu füllen. Als Schriftsteller, Guru und extrovertierter Mann hat er immer Frauen, die einem zu Verfügung stehen oder deren Traum es ist, sich dem Mann im Mittelpunkt anzunähern. Ich habe öfters die Möglichkeit gehabt, diese Frauen zu beobachten. Sie scheinen zu erwarten, dass ein wenig Charisma vom begehrten Mann auf sie überspringt. Oder sie verhalten sich, als ob die privilegierte Nähe sie aufwerten würde, oder irgendein anderer Vorteil ihnen verliehen würde. Ich fand diese Spiele stets herabwürdigend besonders innerhalb eines geistigen, spirituellen Rahmens. Ich habe sie auch in der politischen Landschaft beobachtet.

Ich gehe in den Garten und muss ganz laut lachen! Was für ein Theaterstück ist das? Ist der Mangel an Klarheit bei meinem Vorhaben der Grund dieser verzerrten Realität? Habe ich mich zu schnell entschieden? Nein, ich beschließe, ich bin hier am richtigen Ort.

Jetzt aber genieße ich diesen „freien Tag" und die restlichen Tage meines Aufenthaltes. Es wird bestimmt alles gut gehen. Nun hat mein Ex-Lehrer meine Haltung verstanden. Und ich werde ihn auf die „Unterricht und Wissen" Schiene lenken, denn das ist das einzige, was mich hier interessiert.

Das sind meine Überlegungen als ich mich auf den Weg auf eine sehr isolierte Straße Richtung Dorf mache. Es ist hier tatsächlich völlig abgelegen. Die Herbstfarben sind prächtig, die Kastanienbäume herrlich in ihrer Majestät. Der Boden ist voll Kastanien bedeckt, obwohl die riesigen Zweige immer noch erschwert sind von den dicken grünen Hüllen. Ab und zu fährt ein Auto vorbei. Ich laufe ziemlich lange bis mich ein mulmiges Gefühl übernimmt. Eigentlich habe ich keine richtige Lust diese einsame Straße entlang zu laufen. Was würde ich überhaupt im Dorf unternehmen, es ist ja Sonntag. Und sonst ist dort nichts Interessantes. Dafür sammle ich die schönen, dicken Kastanien in der Hoffnung, dass jemand sie verarbeiten kann. Sie sind so dick, dass ich in kurzer Zeit mehrere Kilogramm zusammen habe, die ich schwer nach Hause trage.

Es ist nun früher Nachmittag, ich nehme mir vor, die Ortschaft zu erkunden und spaziere zuerst durch die Häusergruppe. Die allein zu Hause gelassenen Hunde werden umso wilder, da sie ohne Anwesenheit ihrer Menschen die ganze Verteidigung übernehmen. Ihr Bellen ist sehr laut und ununterbrochen. Es gibt pro Garten mindestens ein Tier und manchmal bis zu drei von denen. Sie ermutigen einander und werden immer bedrohlicher. Dann nähere ich mich einem Garten, der keinen richtigen Zaun hat. Der Hund könnte jederzeit über die Seile springen, die den Besitz abgrenzen. Ich halte an und spüre hinein: „Ist es ein Test nach dem Motto: Deine Ängste konfrontieren?" „Nein, das ist eine Herausforderung, ganz realistisch und vernünftig einen anderen Weg zu gehen" erhalte ich als Antwort meiner inneren Stimme.

Die andere Richtung scheint erstmal nicht nur ruhiger zu sein, sondern viel schöner. Die Gebäude sind aufwendig renoviert. Es stehen dort schöne Villen. Die Gärten sind auch entsprechend gepflegter. Ja, es scheint ein besserer Weg zu sein. Als ob er in einem Traum erscheinen würde, überquert ein Mann den Pfad, um von einer der Villen in die gegenüberstehende zu verschwinden. Alles gut, sage ich mir und laufe weiter. Auf einmal tauchen drei Hunde von der linken Seite auf. Sie sind ungebunden, bellen nicht aber machen einen ziemlich unfreundlichen Eindruck. Ich rede laut und herzlich mit ihnen. „Ich weiß, Ihr habt euren Job zu tun, aber ich bin völlig uninteressant und will nur weiter auf diesem Weg spazieren". Ich kann kaum den Satz beenden, als zwei weitere Hunde auftauchen auf der rechten Seite. Ich mag Tiere und im besonderen Hunde. Ich kann gut mit ihnen kommunizieren, ich verstehe, wie sie ihren Bereich hüten und so weiter. „Kehr zurück!", sagt meine innere Stimme. „Du musst keinen Fleiß aufsetzen. Du musst dich nicht beweisen. Kehre zurück ins Haus. Du versuchst weg zu laufen von diesem Haus. Es gibt aber kein Entrinnen."

Ich verbringe also Zeit im Garten. Es scheint, als ob ich alleine im ganzen Ort wäre. Nicht einmal der junge Mann mit der Psychose ist da. Alle sind weggeflogen. Um das herauszufinden betrachte ich das Haus mit meinem hellsichtigen Blick. Als ich die Räume mit meiner Röntgen-Sehfähigkeit durchsuche, werden meine Augen nach oben von einer verschwommenen Erscheinung über dem Haus angezogen. Dort schwebt eine Figur fast durchsichtig wie ein von Wolken durchzogener Schleier. Obwohl ich Mühe habe den Blick nach oben zu halten wegen dem Sonnenlicht, bleiben meine Augen auf die Form ausgerichtet. Wie hypnotisiert versuche ich die zarte wolkige Gestalt auszumachen. „Wer ist das? Diese Person ist mir nicht bekannt" kommt mir in den Sinn. „Aber doch" spreche ich plötzlich laut aus. Ich stelle erstaunt fest, dass die Frau Bella ist. Ich erkenne sie ja von dem Foto, das mir Pierre-François gezeigt hat. Je mehr ich die Züge betrachte, desto deutlicher erkenne ich sie. Und es scheint sich eine ganz merkwürdige Verbindung zwischen Bella und mir zu entwickeln. Sie kennt mich ja, da sie hier in ihrem astralen Körper schwebt. Ich habe sie durch die vielen Erzählungen von Pierre-François intensiv kennengelernt. Ein Lächeln, das sich allmählich verzerrt und dann erschreckend auf mich wirkt, zeichnet sich auf Bellas Lippen. Dann ohne Warnung löst sich ihr Astralkörper über dem Haus auf. Ich fühle mich in diesem Augenblick sehr einsam mit dieser Erfahrung. Und vor allem verunsichert. Was bedeutet diese astrale Erscheinung? Warum ist sie so zwiespältig? Ist sie eine Einladung, mich hier wohl zu fühlen oder eine Warnung hier Fuß zu fassen und ihren Platz neben dem Hausherrn einzunehmen? Da ich kein gutes Gefühl empfinde, kann sie kaum der Träger einer positiven Nachricht sein. Ich ziehe keine vorzeitigen Schlüsse und lasse diese Erfahrung vorläufig stehen. Ich vertraue, weitere Einsichten und Antworten werden mir rechtzeitig geliefert.

Zurück zuhause schreibe ich ein wenig an meinem neuen Buch. Müdigkeit übernimmt mich. Wenn die Welt hier so aufregend ist und die Nacht so unruhig, ist Dösen mitten am Tag der beste Zeitvertreib. Nachher beschäftige ich mich mit Lektüre und meinen feinstofflichen Behandlungen. Ich schicke ein paar Nachrichten.

Irgendwann gegen Ende Nachmittag kommt Pierre-François zurück. Er hat wenig verkauft. Er setzt sich sofort an den Tisch, um weitere Briefmarken und Münzen einzuordnen, in seiner üblichen Haltung am üblichen Ort. Er scheint froh zu sein, dass ich den Tag alleine verbracht habe, ohne zu klagen oder ihm Vorwürfe zu machen. Warum sollte ich wohl? Es war doch von vorne herein abgemacht, dass er den Sonntag am Markt verbringt.

„Die Katze hat dich vollkommen adoptiert" sagt er aus heiterem Himmel. „Sie hat die ganze Nacht bei dir geschlafen". Ich versuche keine große Sache daraus zu machen. Aber er fährt fort: „Sie ist die Katze meiner letzten Lebensgefährtin. Sie mag dich". Ich denke für mich: „Nicht nur die Tochter, sondern die Katze und die Lebensgefährtin aus dem Jenseits, alle finden mich geeignet als Nachfolgerin. Die Ehre will ich aber nicht." Ich wechsle absichtlich das Thema.

Später abends kommt sein Sohn vorbei zum Abendessen. Genau dasselbe Muster wiederholt sich weiter. Pierre-François ist ja der perfekte Sohn und er steht völlig entgegengesetzt zu seiner Schwester. Sie hat es nicht geschafft, etwas Anständiges in die Welt zu setzen, erzählt man mir. So ist es auch bei der gegenwärtigen Generation: sein Sohn hat trotz seinem jungen Alter schon Besitz, Berufserfolge und „die richtige Frau" getroffen. Die Tochter, obwohl wesentlich älter als ihr Bruder, hat nur Misserfolge und Probleme gesammelt, schwierige Kinder geboren und noch keinen „richtigen" Mann gefunden. Sie ist alleinerziehend und kämpft mit der materiellen Seite des Lebens. Es stimmt mich traurig diese krassen Gegensätze zu beobachten. Könnte man eine Art Gleichwertigkeit trotzdem gelten lassen, dadurch dass jedes Kind eine besondere Aufgabe besitzt und innerhalb der Familie, wohl seinen Platz einnimmt und seine Rolle vertritt? Ist da nicht eine Heilung notwendig, und zwar für die ganze Familie? Die drastische Einteilung ist ein erstarrtes Muster in dieser Familie. Dafür fallen gleich die Urteile zwischen „erfolgreich" und „nicht erfolgreich". Und mein „Heiler Freund" sieht das nicht ein. Ich nehme Abstand von dieser privaten Angelegenheit. Jedoch empfinde ich einen Schmerz für die Frauen, die in dieses Schema gedrängt werden, aber auch für die Männer, die hingegen unter dem Erfolgsdruck leiden – auch wenn ihr Ego etwas davon hat.

Vater und Sohn unterhalten sich lebhaft über die Neuigkeiten im Umfeld und im privaten Bereich. Es ist schön, diesen Austausch energetisch zu verfolgen. Ihre Zuneigung tut dem Herzen gut. Dann macht der Vater einen sexuellen Witz über den Sohn und seine Freundin und wirft mir einen verschmitzten Blick zu. Ich finde es eher fehl am Platz, umso mehr als er noch eine persönliche Erinnerung mit seiner damaligen Frau hinzufügt. Dem Sohn ist es peinlich. Erwachsene Kinder empfinden eine Art Scham den Eltern gegenüber, was die Sexualität anbelangt, habe ich öfters festgestellt. Es ist kein Thema zum Abendessen, scheint der Sohn zu denken. Und ich finde es geschmacklos von Pierre-François vor seinem Sohn und mir, seine sexuellen Gewohnheiten auszulüften. Im Laufe meines Aufenthaltes taucht dieser Gesprächsinhalt ein paar Mal auf während seiner Unterhaltung, besonders in Anwesenheit seines Sohnes. Und einmal wird sogar eine intime Lage zwischen seiner Mutter und deren Liebhaber beschrieben. Möchte er die, beziehungsweise meine, Aufmerksamkeit auf seine lockere sexuelle Haltung ziehen? Will er sich für „cool" ausgeben? Mir persönlich hat er schon genug Vertrauliches erzählt. Seine Kinder schätzen diese geschlechtlichen Erwähnungen auch nicht besonders. Sie schweigen dazu und schauen eher verlegen weg. Mit gelangweilter Mine gucke ich abwesend aus dem Fenster.

Kurz nach dem geschmacklosen Witz verlässt uns der Sohn.

Alleine mit Pierre-François rede ich über das Thema meines Buches, da ich es ins Französische übersetze. Gleichzeitig bitte ich ihn mich mit der Sprache, mit der Rechtschreibung und mit der Grammatik zu unterstützen. Da ich seit dem 18. Lebensjahr nicht mehr Französisch im Alltag verwende, bin ich der Sprache nicht mehr so mächtig und so ist mein Ausdruck öfters von Fremdsprachen verfärbt. Es wäre schön, wenn wir ein solches Projekt während meines Aufenthaltes angehen könnten, würde ich mir wünschen. Pierre-François war ja Französisch-Lehrer, somit bringt er die besten Voraussetzungen mit. Nach einigen Korrekturen wird er ungehalten und kritisiert vehement meinen Text. „Es geht mir um die Sprache, nicht um den Inhalt: das ist der Unterschied" betone ich. „Ich bin froh um jede Verbesserung und bin dankbar für deine qualifizierten Kenntnisse. Für das Inhaltliche übernehme ich die Verantwortung." Kaum sind wir mehrere Seiten weiter, als er sich sehr sarkastisch über die angesprochenen Themen meines Buches ausdrückt. „Auch da finden wir keinen gemeinsamen Nenner. Dann lassen wir diese Angelegenheit ruhen." Ich mache das Buch zu, sammle meine Blätter und Stifte und wünsche eine erholsame Nacht.

Es ist umso besser, wenn der gemeinsame Abend kurz ist. Ich gehe hoch zu meinem Zimmer.

Da es noch so früh ist, kann ich nicht einschlafen. Ich liege tief entspannt mit offenen Augen auf dem Rücken. Die Katze, die an meinem rechten Bein entlang liegt, fängt in einer merkwürdigen Weise an zu miauen. Zart aber mit Nachdruck.

„Was ist jetzt?" spreche ich sanft aus. Die Antwort starrt mich an. Es ist, als ob ich durch das Dach sehen könnte und Bellas Blick unmittelbar begegnen würde. Ja, es ist genauso. Die Katze schnurrt. Das Tier nimmt ihr Frauchen wahr. Das ist klar. Gut, dass ich schon liege, sonst würde ich umstürzen. Auf der dünnen Matratze kann ich sowieso nicht sehr tief einsinken. Ich habe Angst und denke: „Jetzt kommt die verstorbene Partnerin, um mit mir abzurechnen." Sie lächelt mich wie heute nachmittag nochmals mit diesem undefinierbaren Ausdruck, halb freundlich, halb verzerrt, an.

„Bella, ich verspreche dir, ich habe keine Interessen an deinem Mann. Ich bin hier aus geistigen Gründen." sage ich von vorne herein ab.

„Umso besser" meint sie, was mein unheimliches Gefühl noch verstärkt. „Er ist nicht deiner und wird nie deiner sein" spricht sie weiter. Jetzt wird es mir richtig mulmig.

„Was kann ich für dich tun? Wir sind doch keine Rivalinnen. Kann ich dir etwas Gutes tun?"

„Ja, bestimmt. Aber lasse ihn in Ruhe."

„Er interessiert mich auf keine Art und Weise. Jetzt auch nicht einmal aus einer spirituellen Perspektive. In ein paar Tagen bin ich weg und Schluss".

Bella scheint nicht besonders überzeugt.

Es ist mir alles zu bunt hier. Nicht nur wehre ich mich die ganze Zeit gegen den Typen, sondern ich muss mich noch bei der verstorbenen Freundin rechtfertigen. Gott sein Dank, mein feuriges Temperament kommt mir zur Rettung. Nein, keine Rechtfertigung.

„Bella, du bist seit drei Jahren verstorben, stimmt das?"

„Keine Ahnung."

„Ich weiß es aber! Und ich weiß auch, dass du weiter auf deinem Weg schreiten solltest und nicht ewig übers Haus schweben darfst. Verstehst du?"

„Ja, ich verstehe, aber ich habe noch so viele Schmerzen. Und mein Geliebter will mich bei sich behalten."

Nein, das stimmt nicht, denke ich mir. Er hat ständig Frauen, seit du weg bist, oder das ist mindestens, was er mir erzählt. Diese Überlegung behalte ich aber für mich, denn ich will keinen Streit mit seiner Verstorbenen Ex.

„Bella, es ist jetzt Zeit, dass du ins Licht fortschreitest. Du musst deine neuen Aufgaben bewältigen in der Dimension, wo du mittlerweile hingehörst. Soll ich dir helfen?"

„Ja, ja. Bitte, hilf mir! Nimm mir die Schmerzen weg."

„Mache ich gerne. Darüber hinaus zeige ich dir den Weg, wohin du nun gehörst, einverstanden?"

Es gibt einen stillen Augenblick. Aus irgendeinem Grund gibt sie mir keine Antwort. Dafür taucht eine Frage auf in meinem Gewahrsein, die ich ihr direkt stelle.

„Warum hilft dir dein Partner nicht? Warum führt er dich nicht ins Licht? Das ist doch eine seiner besonderen Fähigkeiten. Oder etwas, das er besonders gut kann. Er hat ja eine ganze Abhandlung darüber geschrieben, nicht wahr?"

„Ja, aber er kann's nicht."

„Was, er kann es nicht? Ich verstehe nicht! Ich habe bereits erfahren, dass er einiges nicht kann, aber er kennt doch das Prozedere der Begleitung ins Jenseits. Er hat es in diesem hervorragenden Büchlein beschrieben. Ich habe mich mehrmals davon in meiner Arbeit inspirieren lassen".

„Schreiben kann er, aber die Arbeit durchführen nicht."

„Bella, was ist diese Geschichte? Das ist hier zum verrückt werden." Ich bin genervt. Ich spüre langsam die Müdigkeit und jetzt muss ich noch seine ehemalige Frau ins Licht führen, weil sie seit Jahren überm Haus hängt.

„Ja, aber ich will nicht, dass du mich wegschickst und dann mit ihm zusammenlebst. Nein, ich bleibe noch da bei ihm. Ich will sowieso nicht, dass er wieder eine Frau nimmt, deshalb waren alle so komisch, die er nach mir gehabt hat. Ich bin seine einzige wahre Liebe."

„Ja, das bist du. Du bist seine Traumfrau für immer und ewig. Genau, das hat er mir erzählt. Aber jetzt führst du dein Leben im Jenseits weiter und er Seins hier. Irgendwann trefft ihr euch wieder und dann könnt ihr euch erneut verlieben.“

„Nein, ich vertraue dir nicht. Du willst ihn haben, sobald ich weg bin.“

Ich bin erschöpft. Sie saugt meine Kraft ab, wie sie Pierre-François Lebenskraft beraubt. Jetzt muss ich die Situation anpacken und sie ordentlich und schleunigst zu Ende bringen. Ich stehe auf und störe gleichzeitig die Katze. Es macht nichts. Ich bin ungeduldig und mein dynamisches Selbst übernimmt die Strategie.

„Bella, ich erhöhe deine Schwingung bis zur nächsten Ebene und dann wirst du sehen, dass es dir wesentlich besser geht. Deine Schmerzen werden verschwinden. Du wirst deine einmalige Schönheit wiederfinden, genauso wie auf dem Bild von dir, das mir dein Geliebter gezeigt hat. Machen wir das miteinander.“

„Ja, gerne. Es gibt aber noch etwas Anderes, was mich hier zurückhält. Etwas, das mein Schicksal sehr erschwert.“

Bella fängt an zu weinen. Eine weinende Verstorbene hatte ich noch nicht so drastisch erlebt. Ich umhülle sie mit Geborgenheit und Liebe. Ich versuche ihren seelischen Schmerz zu lindern.

„Oh, du bist so gut zu mir“ sagt sie erleichtert.

Alles geht so langsam voran. Sie ist so fest verhaftet an der irdischen Ebene, an ihrem körperlichen sowie emotionellen Leiden, an ihrer besitzergreifenden Liebe. Ich muss definitiv meine Ungeduld beiseitelegen.

„Erzähle mir, bitte Bella, was deine Sorge ist!"

„Es ist unverzeihbar, aber ich konnte es nicht anders."

„Was ist so schlimm, sag es mir bitte. Das Aussprechen wird dir Erleichterung verleihen. Danach kannst du leichten Herzens weiter auf den Weg der Erlösung. Ich helfe dir dabei."

„Nein, es ist so schlimm! Du wirst denken, ich bin eine Nutte, eine ganz schlechte Frau!"

„Ich bin nicht da zu urteilen. Ich bin auch keine Heilige. Wir sind inkarnierte Frauen, die Fehler in ihrer Entwicklung begangen haben. Wir bemühen uns etwas daraus zu lernen, um weiser, liebevoller, wahrhaftiger, freier zu werden. Nicht wahr?"

„Was ich aber gemacht habe, ist aber unverzeihbar. Ich konnte mich aber nicht gegen diese unwiderstehliche Liebe wehren. Ich war wie magisch in seinen Bann gezogen und konnte überhaupt keinen Widerstand ausüben. Diese Beziehung musste sein, gleichzeitig aber hat sie ein anderes Leben zerstört."

Ich habe nun eine Ahnung, was sie an die Erdatmosphäre fesselt.

„Deine Verweigerung weiter auf deinem Weg zu gehen ist aber ein größeres Hindernis als was du dir vorwirfst. Ich möchte, dass du mir den Grund deines Steckenbleibens telepathisch angibst. Du musst es also nicht aussprechen, sollte es zu hart für dich sein.“

„Du bist telepathisch?“ versucht sie Zeit zu gewinnen.

„Ich bin telepathisch, empathisch und ich weiß nicht was!! Und jetzt machen wir weiter ohne Urteil und auch ohne mir irgendetwas zu unterstellen. Ich habe so viele Leben hier und im Jenseits begleitet, dass ich schon längst aufgehört habe zu urteilen und zu verurteilen. Ich versuche zu verstehen und Muster zu erkennen. Mehr nicht. Ich weiß sowieso, worum es geht. Denke daran oder sage es, bitte! Dieser Schritt wird für dich befreiend sein, anstatt zu verdrängen“

Das Hin und Her geht noch ein Weilchen weiter, bis ich völlig genervt bin und das Ganze loslasse.

„Ok, du bist nicht bereit und das ist deine Sache, dein Schicksal, dein Karma. Nun will ich schlafen. In ein paar Tagen bin ich weg. Und diese Geschichte geht mich nichts mehr an. Der Schizophren, die Opfertochter, der Macho-Typ, der Garten, das Haus, die Katze, die hörige Freundin. Ihr könnt alle eure Dramen für ewig weiter ausleben. Ich bin nicht hierhergekommen, um diese verrückte Familie zu heilen oder zu retten. Ist das klar?

„Ich verstehe. Ich sage dir, was mich hier auf der Erde zurückhält." Mein ungeduldiger Ausbruch hat Bella wachgerüttelt.

„Dann tue es bitte! Es geht um eine Zusammenarbeit. Ich kann dich begleiten aber nicht dein Karma übernehmen oder für dich lösen."

„Ja, klar. Das weiß ich alles. Ich habe zusammen mit meiner Schwester den Inhalt der Bücher Pierre-François mitgeteilt. Wir haben für ihn die Information gechannelt."

„Was!" Erschrecke ich. Mein Blut verlässt mich und ich werde bleich. Das ist mindestens mein subjektiver Eindruck. Ich sehe mich selbst wie einen Geist, wie Bella. Meine Höhere Führung ist da und unterstützt meine organischen Reaktionen. Mein Puls schlägt übermäßig stark, aber ich atme durch und kann weiterdenken. Mein Intellekt funktioniert wieder. Das macht Sinn: Pierre-François hat vor drei bis vier Jahren aufgehört zu schreiben, die Zeit, wo Bella erkrankte und starb.

„Ja, aber Bella, das ist nicht der Grund, warum du erdgebunden bist. Es geht um eine zwischenmenschliche Angelegenheit. Und sie hat mit deiner Schwester zu tun. Ich bitte dich, mir deine Sorge mitzuteilen, wörtlich oder telepathisch", ergänze ich in der Hoffnung, sie wieder in den Zusammenhang unseres Austausches zu bringen.

„Hum. Wie macht man das telepathisch?"

„Denke bitte innig daran."

„Kann ich nicht. Es ist zu schrecklich. Ich fühle mich so schuldig. Ich hasse mich dafür, konnte aber nicht anders. Es war, als ob er mich irgendwie dazu zwingen würde, mich hörig machen würde. Ich konnte nicht widerstehen, so groß war seine Macht über mich.“

„Ich weiß.“ Ich erleichtere den Druck in Bellas Astralkörper.

„Das tut gut. Jetzt kann ich durch den Schmerz hindurch, nicht nur durch meinen, sondern durch den Schmerz, den ich meiner Schwester verursacht habe. Ich habe den Mann meiner Schwester… geklaut. Dann ist er mein Geliebter geworden, der Mann meines Lebens. Und ich bin die Frau seines Lebens. Es musste sein.“

Bella krümmt sich vor seelischem und körperlichem Schmerz. Sie verurteilt sich. Sie steckt in einem Dilemma. Aus ihrer Perspektive gibt es keinen Ausweg. Und sie muss für das Glück, das sie mit Pierre-François erlebt hat, büßen.

Ich erzähle ihr diese zusammengefasste Analyse. Sie hört auf zu weinen, schaut mich an mit klaren Augen.

„Bitte, hilf mir!“

„Gleich! Aber ich habe noch eine kurze Frage: hat er Liebes-Magie ausgeübt?“

„Selbstverständlich und damit hat er viel Geld gemacht. Zusammenführung nennt man das. Seine Rituale haben eine unwiderstehliche Wirkung.“ ergänzt Bella.

Der Effekt ist allerdings für mich nicht spürbar, denke ich für mich.

„Und viele karmische Bindungen… Diese Tätigkeit ist nicht empfehlenswert," meine ich. „Danke für diese Information, sie ist für mich entscheidend, denn dort kann ich meine Arbeit ansetzen und euch von diesen unheilen Fesseln befreien."

Ab dem Augenblick, wo sie ihre Geschichte konfrontiert und annimmt, ist es möglich, sie zu unterstützen. Ich kläre ihre feinstofflichen Körper und öffne den Weg für sie. Natürlich bin ich nur eine Begleitung: ihre Kooperation, ihr Einverständnis sind unentbehrlich.

Völlig unerwartet stockt der Prozess, wo alles so gut vorankam.

„Was hält dich nun zurück, Bella?" will ich wissen.

„Aber, sag mal, du warst doch seine Geliebte? Gib es zu, sag doch die Wahrheit!"

Somit ist ihre schöne ätherische Ausstrahlung wieder trüb und verzerrt geworden. Meine Kräfte schwinden. Ich muss ihr einen letzten Schub verpassen, sonst ist die ganze Mühe heute Abend umsonst.

„Ja, Bella! Natürlich! Das war aber vor 5000 Jahren und seitdem ist Schluss, fertig, vorbei. Ich bemühe mich seit fast einer Woche allen klar zu machen, dass ich nichts von dem Mann will. Hast du das nicht mitgekriegt, wenn du die ganze

Zeit überm Haus schwebst und überwachst? Und jetzt, bitte weiter. Du bist seine innigste Geliebte. Du gehst sofort weiter. Ich begleite dich im Namen deiner Seelen-Befreiung und im Namen Pierre-François' Seelen-Erlösung."

Ich arbeite energetisch noch eine Zeitlang. Die Stimmung ist jetzt gelassen. Die Sterne leuchten durch das Dachfenster. Ich lasse den Frieden der Nacht mich in die Dimension tragen, wo ich selber im Schlaf Läuterung und Regeneration empfange.

Das ist meine Absicht beim Einschlafen. Die Nacht verläuft aber ganz anders.

FÜNFTER TAG

Komplimente und Insektenbisse. Besuch bei Jeanne. Die Kraftplätze.

Der fünfte Tag fängt mit einer überraschenden Verwandlung an.

Mein Gastgeber ist heute Morgen sehr freundlich und voller Komplimente für mich. Er unterhält sich mit seiner Tochter in meiner Anwesenheit und beschreibt mich in der dritten Person als eine hoch gebildete Person mit sehr spezialisierten Kenntnissen und tieferen spirituellen Erfahrungen. Ich hätte ganz besondere Fähigkeiten und sei viel zu bescheiden. Es sei ersichtlich, dass ich sehr gründlich an mir gearbeitet hätte und dass ich den inneren Diamanten geschliffen hätte und so weiter.

Alles gut und schön, denke ich mir, aber dieses unerwartete Gerede fühlt sich nicht echt an. Warum spricht Pierre-François mich nicht direkt an? Ich bin ja anwesend. Was für ein theatralisches Stück ist das? In den letzten Tagen hatte er zwar gemeint, ich würde meine Fähigkeiten unterschätzen aber im Allgemeinen bezogen sich seine Bemerkungen in einem leicht verachtenden Ton eher auf mein prüdes Verhalten. Wir seien doch hier auf Erden, um das Leben zu genießen. Es ginge darum den gegenwärtigen Augenblick in vollen Zügen zu kosten. Ob ich überhaupt schon verheiratet gewesen wäre, war eine der Fragen, die darauf hinwies, dass er mich als eine vollkommen verkorkste Tante betrachtet. Ich reagierte sehr vage und distanziert.

Und noch distanzierter verhalte ich mich heute Morgen bei dieser Anhäufung von künstlichen Komplimenten. Ich schweige nämlich und setze ein rätselhaftes Lächeln auf. Vor allem frage ich mich, wie lange und wie verzerrt er diese Schmeichelei aufrechterhalten kann. Er setzt seine Komplimenten-Reihe fort. Innerlich fange ich an zu lachen und frage mich: „Was will er denn? Dich auf diese Weise ins Bett kriegen? Wozu diese Wende?" Ego hat das Spiel durchschaut und lässt sich nicht einmal aufblasen.

Sein Gerede wirkt unwillkürlich wie eine Ablenkung, gerade als ich ihm eine unerfreuliche Nachricht mitteilen möchte. Von

Bellas Behandlung werde ich nichts erwähnen aber ein anderes Ereignis hat stattgefunden.

Denn die letzte Nacht war besonders unruhig. Solche schlaflosen Nächte wie in diesem Haus habe ich seit langer Zeit nicht mehr erlebt. Nein, die Schlaflosigkeit hat nicht Nachgrübeln oder die offene Schlafzimmertüre als Ursache. Ja, es war mir nicht besonders warm. Aber das war auch nicht der Grund dafür, dass ich den Schlaf nicht finden konnte. Auch nicht meine Begegnung mit Bella. Der Störfaktor ist eine für mich bis jetzt einmalige Situation. Eine andere Première in diesem außerordentlichen Aufenthalt.

Ich wurde wach gehalten von Insektenbissen, ich vermute von Flöhen. Und hoffe, es ist nichts Schlimmeres wie Bettwanzen oder ähnliches. In der Tat ist es eine ganz neue Erfahrung für mich und ich kenne mich nicht aus mit Insektenbissen. Obwohl ich häufig bei Freunden, Bekannten und Fremden und in Hotels oder Pensionen übernachte, habe ich mir nie so eine Kratzerei eingefangen. Ich habe nie Läuse, Flöhe oder andere Insektenbisse gehabt außer von Mücken. Praktisch die ganze Nacht durch von oben bis unten außer am Gesicht hat es wie verrückt gebissen.

„Was für Stiche sind das? Gibt es das öfters bei dir zu Hause? Sind die Insekten in der Matratze? Oder irgendwo anders im Zimmer? Das Zimmer ist ja nicht besonders sauber, es ist sehr staubig. Habe ich irgendein Viech aus seinem Tiefschlaf

g
weckt und aktiviert? Sind diese Bisse ansteckbar? Hast du
ein Mittel gegen so etwas?" frage ich Pierre-François.

Das sind die Fragen, die den Komplimentenschwall ziemlich
abrupt unterbrechen. Der Ton ändert sich, die Schwingung in
dem Raum kippt um, seine Tochter verlässt uns, die
Gesichtszüge spannen sich an. Mein Blick wird forschend und
verharrt in einer gewissen Härte, denn ich möchte ihn
konfrontieren und dem Blödsinn ein Ende setzen. Sein Blick
schweift aus und er vermeidet meine direkte Ansprache. Die
Körpersprache ändert sich auf eine bemerkenswerte Weise
und ich vergegenwärtige mir den kurzen Abschnitt eines
Filmes, in dem ein Gockelkampf gezeigt wird. Ich bin der
kleinere Gockel, richtig fit und kampfbereit. Mein Gegenüber
ist genauso groß, aber umfangreicher von der Statur dafür
aber gar nicht so fit und eher unsicher aber sein Kamm ist
wesentlich repräsentativer als meiner. Wie im Film wurde das
Ende des Kampfes, der unter Umständen richtig grausam und
tödlich sein kann, nicht gezeigt. Dafür haben wir, Menschen,
Worte. „Dann wirst du eine Erinnerung aus der Normandie
mitnehmen" erwidert er sarkastisch. Wieder einmal bin ich
sprachlos, weil das Niveau einer solchen Antwort sehr tief
angesiedelt ist. Erst dann wagt es mein Protagonist mich
anzuschauen, als ob er einen Sieg gewonnen hätte. Nein, ich
lasse mich nicht unterkriegen. Ich sage klar und deutlich: „So
etwas habe ich nirgends erlebt, obwohl ich viel reise und in
ganz verschiedene Orte…" Er unterbricht mich: „Das kommt
von der Katze. Das sind die Flöhe der Katze und sie sind völlig
harmlos für den Menschen".

Das ist seine Diagnose. Bei Familie und Freunden habe ich häufig nächtliche Besuche von Katzen und Hunden gehabt. Ja, ich weiß, das ist nicht hygienisch aber so wohltuend und beruhigend für Mensch und Tier, die beide an Magnetismus auftanken. Wie gesagt jedoch, bin ich nie von Insekten auf diese krasse Weise gebissen worden. Die Katze wird entsprechend mit dem Kamm untersucht. In ihrem Fell wird nichts gefunden. Dann greift er zum Staubsauger und reinigt schnell und salopp die Hauptfläche des Zimmers, ohne in die Ecken zu gehen oder das Mobiliar zu verschieben. Dann betrachtet er mich wie ein Held, den Staubsauger haltend wie eine gesegnete Waffe, die zu meiner Rettung gewirkt hätte. Eigentlich könnte ich mich auf diesem jetzt sauberen Boden vor Lachen rollen! Ich will nicht böse sein und behalte folgenden Gedanken für mich: „Hättest du doch vor meiner Ankunft genau das machen können, oder?" Jawohl, er bemüht sich auf seine Weise. Ich bin sonst so verwöhnt und kenne so wunderbare Menschen mit hohen Ansprüchen. Eine tiefe Dankbarkeit übernimmt mich für alle, die ich kenne und die mich so großzügig und liebevoll und sauber empfangen. Hier ist es ein wenig anders. Im Grunde genommen hat mein Gastgeber erwartet, dass ich seinem Charme gleich bei der Ankunft verfalle und sofort in sein Bett schlupfe. Wozu das kleine Zimmer putzen und das Bett vorbereiten? Aber ich bestand darauf, das am Telefon versprochene „Du wirst ein Zimmer für dich haben" tatsächlich zu beziehen.

Die Insektenstiche habe ich im Rahmen gehalten mit Bio-Apfelessig-Waschungen mehrmals täglich. Essig ist ein wunderbares fermentiertes antibiotisches Mittel mit vielen besonderen Eigenschaften für die innere sowie äußere Gesundheit. Es stinkt ein wenig. Jeder, der mich kennt, weiß, dass ich eine feine Nase besitze und eine Vorliebe für ätherische Öle und Parfums habe. Aber nur Pierre-François hat die Ehre, mich mit „Essig-Parfum zu erleben". Vielleicht hält ihn mein neuer Duft auf Distanz

Am Nachmittag fahren wir zu einer kranken Kollegin von Pierre-François. Er besucht sie regelmäßig, um für sie einzukaufen oder um sie zu den Läden und zur Bank zu begleiten, je nachdem was ihr gesundheitlicher Zustand zulässt. In der Tat ist sie schwerstkrank und erinnert mich an Menschen, die ich als Krankenschwester betreut habe. Wie ich in ihrer Aura wahrnehme, ist ihre Lebenskraft sehr niedrig und ihre physischen Kräfte reichen vermutlich nur ein paar Monate.

Jeanne liegt hier im Endstadium einer langen Krankheit und kann nicht mehr operiert werden. Sie steht unter Morphium. Sie hängt an der Infusion. Sie hat sich entschieden, zu Hause betreut zu werden und bekommt Besuch von der Gemeindeschwester vier Mal die Woche. Diese kommt in einer Stunde, deshalb wollen Pierre-François und Jeanne schnell einkaufen, um rechtzeitig zurück zu sein. Ich bleibe in Jeannes Wohnung, denn es gibt nur zwei Sitze im Auto.

Als sie vom Laden zurückkommen ist Jeanne völlig erschöpft. Die aufgesetzte gute Laune von vorher kann sie nicht mehr aufrechterhalten. Sie hat Schmerzen und verlangt dies und das schnell und ungeduldig. Ich fühle ihr Unbehagen mit. Es tut mir so leid für sie. Ehrlich gesagt hätte ich ihr das Einkaufen nicht zugemutet und ich war erstaunt, dass die beiden so brüsk aufgebrochen sind. Offensichtlich hat sie ihre Kräfte überschätzt.

Jeanne liegt jetzt wieder im Bett, halb-sitzend und leicht schräg. Diese Haltung ist für sie am bequemsten. Sie fragt mich, wann wir uns nächstes Mal sehen werden. Die Frage macht mich fast schwindlig. Dann verlangt sie, dass ich ihr eine Geschichte erzähle. „Erzähle mir darüber, wo wir uns wieder sehen werden. Du hast ja besondere Fähigkeiten. Hatte ich ja auch. Also sage doch, wie geht es weiter mit mir und wann treffen wir uns wieder?" Zuerst kann ich keinen Ton herausbringen. Ein Anteil von ihr weiß ganz genau, dass sie nicht lange zu leben hat. Deshalb ist sie entlassen worden. Um zu Hause zu sterben. Ein anderer Teilaspekt ihrer Persönlichkeit verdrängt die Lage.

Ich wende mich an meine innere Weisheit und bitte um Hilfe. Eine ganz besondere Erzählung kommt mir in den Sinn. Eine wahre Geschichte. Ich versuche diesen Vorschlag wegzuschieben. Nein, das kann ich doch nicht erzählen! Unmöglich. Mein Kopf ist sonst leer. Ich habe nur diese Begebenheit im Kopf, die ich ganz deutlich mit meinem dritten Auge wahrnehme. Ich höre mich sprechen, bevor ich mich dazu bewusst entschieden habe. Dieser Bericht soll erzählt werden: und zwar ist er beiden, Jeanne und Pierre-François gewidmet. Ein persönlicher Fall. Lebensnah erlebt. Hin und her gerissen zwischen den Welten drängen sich die Gedanken, die Bilder und die Worte in meiner Wahrnehmung.

Vor vielen Jahren, bevor ich bewusst verstanden hatte, dass ich Sterbende in der Übergangsphase und danach wahrnehmen kann, wurde ich von meinem alten Familienarzt besucht. An diesem Nachmittag saß ich im hinteren Raum meines Ladens. Ich versuchte die Buchhaltung zu machen und wieder einmal ging die Rechnung nicht auf. Es war für mich jedes Mal eine Plage. Ich war überfordert, genervt, erschöpft. Ich machte eine kurze Pause und versuchte mich zu entspannen. Ich schloss meine Augen. Plötzlich war der Hausarzt meiner Kindheit da. Er kannte vier Generationen unserer Familie. Ich habe in Erinnerung, wie gerecht und liebevoll er war. Er besaß eine große natürliche Autorität und wurde von allen hoch geschätzt und respektiert. Er mochte mich sehr. Er hielt mich für ein besonderes Kind und machte allerlei Ausnahmen für mich. Er impfte mich damals nicht.

Obwohl ich an ihn seit Jahrzehnten nicht mehr gedacht habe, schwebt er jetzt vor meinem geistigen Auge zwischen Leben und Tod. Ich sehe, wie er zwischen beiden Ebenen hin und her schwankt. Es ist aber noch nicht Zeit für ihn durch den Schleier hindurchzugehen, sagt er. Ich rufe seinen Namen laut und er schaut mich mit liebevollen Augen an, bevor die Szene sich allmählich auflöst.

Diese Geschichte wirkt auf mich lange nach. Diese Begegnung vor dem Hinübergehen beeindruckt mich sehr tief und wirft viele Fragen auf. Ich wusste zu diesem Zeitpunkt noch nicht, dass ich ein „death walker" bin. Diese englische Bezeichnung gilt für Menschen, die Seelen an und über die Schwelle mitbegleiten und hin und zurück in die jenseitige Dimension reisen können, während sie noch leben.

Dieser Teil der Erzählung hat einen Bezug zu Jeanne. Ich betrachte sie fürsorglich. Hat sie die Botschaft verstanden? Wenn sie möchte, darf sie sich bei mir melden, wenn sie so weit ist. Da werden wir uns wiedersehen und ich werde ihr auf ihrem weiteren Weg helfen. Sie ist friedlich ins Bett gesunken. Sie sieht wie ein Kind aus, das von der Geschichte fasziniert ist, ohne genau zu wissen, worum es geht. Meine Stimme, mein Lächeln, meine Empathie und die Hoffnung, die eine solche Erzählung in sich birgt, wiegen sie in einer tiefen Entspannung.

Nun zurück zu der Geschichte, denn sie geht weiter: Dr. B. ist die einzige Person, die ich erlebt habe in diesem schwebenden Zustand zwischen Leben und Tod. Alle anderen, die mich besucht haben, gingen ziemlich rasch hinüber und kamen vorbei zum Abschied. Ich wollte, diese Eigenart unbedingt klären und verstehen. Mit dieser Absicht wende ich mich an meine Großmutter, die noch am Leben ist.

„Lebt Dr. B. immer noch", frage ich am Telefon.

„Ja, natürlich. Er praktiziert nicht mehr, weil er so alt ist aber er besucht gelegentlich noch ein paar Patienten zuhause" meint sie.

„Hast du seine Anschrift? Ich möchte ihm einen Brief schreiben."

Es gibt ein wenig Unruhe, ein wenig Stress im Hintergrund. Meine Großmutter wäre fähig zu ihm in die Praxis zu gehen, aber sie erinnert sich nicht mehr auf Anhieb an seine Anschrift.

Dr. B ist also nicht hinübergegangen. Vielleicht kann er mir erzählen, was ihm passiert ist, so dass ich seine Erscheinung vor meinem dritten Auge verstehen kann.

Ich schreibe Dr. B. einen Brief, in dem ich meine Vision beschreibe. Ob er denkt, ich sei verrückt, ist mir gleichgültig. Das Anliegen ist mir zu wichtig, um falsche Höflichkeit vorzugaukeln. Es geht um diese Episode. Auf dieses Thema will ich ansprechen.

Kurz darauf erhalte ich eine Antwort von ihm. Ich erkenne die edle Handschrift der damaligen Verordnungen. Sein Schreibstil ist mir aber neu. Ich staune über diese altmodischen Ausdrucksweisen: er drückt sich aus wie mein Ehemann oder ein Liebhaber aus dem 19. Jahrhundert. So liebevoll und fürsorglich aber auf sehr formelle Art drückt er seine riesige Freude aus, die er beim Empfang meines Briefes empfunden hat. Er hätte sich über die Jahrzehnte immer wieder über mich erkundigt. Mein Brief hätte ihn tief berührt. Er sei so beeindruckt, wie ich ihn in dieser besonders schwierigen Phase begleitet hätte. Und vor allem drückt er seine unerschöpfliche Liebe zu mir aus, wie intensiv verbunden, er sich mit mir gefühlt habe schon seit dem Anbeginn. Das Ganze ist in einer sehr eleganten Sprache ausgedrückt, mit viel Achtung und Respekt für diese wunderbare Frau, die ich sei. Ich bin zu Tränen gerührt und werde zu dieser Dame im 19. Jahrhundert, die er so leidenschaftlich geliebt hat. Damals war er auch mein Arzt. Ich war eine junge verheiratete Frau und er hatte sich in mich verliebt. Die Tragödie bestand darin, dass er verliebt war und mich, trotz seiner Heilkunst, von meiner unheilbaren Krankheit nicht retten konnte. Ich starb in seinen Armen. Ich kann meine Tränen nicht zurückhalten. Als Kind war mir das Ganze unbekannt: ich genoss einfach die Aufmerksamkeit und verstand nicht wirklich, was er meinte, als er mich „für ein besonderes Kind hielt".

Wir telefonieren. In diesem Gespräch unterhalten wir uns wie zwei Erwachsene zu Anfang des 21. Jahrhunderts. Er erzählt, er sei fast gestorben durch die falsche Behandlung von jungen Kollegen. In der Tat hat seine Seele mehrere Tage in einem Schwebezustand zwischen Leben und Tod verbracht. Dann ist der Augenblick, während er die Rückschau seines Lebens erlebt, darunter die Erinnerung an seine früheren Jahre als Hausarzt. Gerade in diesem Moment kreuzen sich unsere Wahrnehmungen und er erscheint mir wie damals in den hinteren Räumen meines Ladens. Darüber hinaus berichtet er über den ersten Akupunktur-Verein in Frankreich, den er gegründet und geleitet hat. Er sei ein Meditierender, er praktiziere Tai – Chi und er hätte immer gewusst, ich hätte solche Fähigkeiten. Ich erwähne nicht den Eindruck, den der Brief auf mich gemacht hatte und wie er mich in das 19. Jahrhundert gebeamt hat. Irgendwie sind wir jetzt beide vollkommen im gegenwärtigen Jahrhundert geankert. Wir planen ein Treffen, wenn ich nächstes Mal zu Besuch bei meiner Großmutter bin.

Ungefähr ein Jahr später ist es so weit. Gegen Ende der Mahlzeit mit meiner Familie im Haus meiner Großmutter kommt Dr. B. zu Besuch und schließt sich unserer gemütlichen Runde an. Ich würde fast behaupten, dass er nicht gealtert ist seit meiner Kindheit. Das kann natürlich nicht sein, weil fünfunddreißig Jahre vergangen sind. Zudem gehört er zu der Art von Menschen, die durch ihr Gewahrsein und ihre Lebensführung nahezu alterslos aussehen.

Wir gehen alle sehr förmlich miteinander um. Meine Familie hat ihren hohen Respekt vor ihm beibehalten. Das Treffen ist mir ein wenig peinlich: es ist nichts zu spüren von dieser besonderen Liebesbindung jenseits des Ablebens. Unser Thema kommt gar nicht zur Sprache, denn alle erzählen von der Vergangenheit, von den Veränderungen, von ihrer Gesundheit. Die Magie der Vision ist weg. Die Magie, die von unserem Briefaustausch heraufbeschwört wurde, hat sich verflüchtigt. Die Rückkehr im 20. Jahrhundert, die Realität unseres Verhältnisses, die greifbare Normalität, ich würde sogar sagen die Banalität unserer Wiederbegegnung, die

Auflösung und die Unauffindbarkeit des „da gewesenen Augenblickes" reiben sich aneinander in einem zarten Konflikt, den man nicht einmal benennen und noch weniger aussprechen kann. Eine Spur von Melancholie, ein Hauch von verwunderten Erwartungen, eine unerfüllte Herzenssehnsucht, ein bittersüßer Nachgeschmack, füllen den leeren Raum zwischen unseren Blicken. Ich analysiere kurz die Situation und denke prosaisch: „Diese Liebesgeschichte ist jetzt beendet."

Nach kurzer Zeit möchte sich Dr. B. zurückziehen, alle verabschieden sich mit großer Dankbarkeit. Als ich dran bin, steht er vor mir, umarmt mich sehr herzlich: „Ich darf dich umarmen, ich bin ja dein alter Arzt" sagt er zu meinem Staunen. In mein Ohr flüstert er: „Du warst ein besonderes Kind. Und du bist eine besondere Frau geworden." Dann gibt er mir einen sehr lauten Kuss, der scheint alle in der Stille des Abschieds erstarren zu lassen. Endlich bricht meine Großmutter das still gestandene Schweigen mit demselben Satz, den sie schon vor 45 Jahren ausprach: „Dr. B. hat eine ganz spezielle Zuneigung zu Aurélienne."

Vielleicht ist diese Liebesgeschichte doch nicht ganz beendet…

Seitdem habe ich Dr. B. nie mehr gesehen oder von ihm gehört. Seitdem scheint die emotionelle Bindung zu unserem Familienarzt gelöscht zu sein. Oder ruht sie in den Zwischenwelten, auf unsere nächste Wiederbegegnung voll Erinnerungen wartend?

Trotzdem haben die zwei Visionen – sein Besuch zwischen den Welten und die Rückführung, die durch Dr. B.'s Brief indirekt und unbewusst in mir ausgelöst wurden – ihren Glanz und ihre tiefe emotionelle Kraft behalten. Sie sind aber jetzt in sich abgeschlossen. Wir haben diese Bindung verarbeitet. Da positive Erinnerungen miteinander verbunden sind, sind wir beide frei entweder uns in einer zukünftigen Inkarnation wieder zu begegnen oder nicht. Wenn ja, ist die emotionelle Ladung nicht erzwinglich, sondern ein Verhältnis könnte sich auf einer reiferen Ebene, eher im mentalen, geistigen oder sogar im spirituellen Bereich entfalten. Es wäre beispielsweise möglich, dass eine vollkommene Erfüllung in gegenseitiger Inspiration und Ergänzung im Dienste einer gemeinsamen Aufgabe sich entfaltet. Die Affinität kann weiterhin bestehen, ohne dass die Verliebtheit uns zwingend verbindet.

Wiederbegegnung von Menschen, die eine intensive Beziehung in vorigen Inkarnationen erlebt haben, ist heutzutage keine Seltenheit. Ich habe mehrere Klientinnen, die einen Mann getroffen haben, von dem sie überzeugt sind, ihn schon vorher gekannt zu haben. Diese Empfindung wird von beiden Partnern mit Leidenschaft geteilt und von verblüffender Übereinstimmung und Gegenseitigkeit belegt, meistens in einer vertrauten Umgebung wie bei der Arbeitsstelle, in einem Laden oder an einem Ort, wohin sie sich regelmäßig begeben. Öfters geht es um einen Menschen, den sie vorher nicht besonders bemerkt hatten oder mit wem sie eine Zeitlang ein normales Arbeits- oder was auch immer Verhältnis hatten. Ich male die Konstellation aus der weiblichen Perspektive, denn es sind öfters Frauen, die davon berichten. Personen, die sonst strengen moralischen Prinzipien folgen, verlieben sich Hals über Kopf in einen Arbeitskollegen. Frauen, die ihre Familie grundsätzlich in den Vordergrund stellen, die nie fremd gehen würden oder einen verheirateten Mann sonst niemals verführen würden. Anständige, dienende gar bescheidene Frauen mit Ehemann und Kindern. Plötzlich denken sie nur noch an diesen begehrten fremden Mann. So fremd ist er nicht denn, wie bereits erwähnt, begegnen sie sich häufig oder sogar regelmäßig in einem beruflichen Kontext oder innerhalb einer alltäglichen Routine. Und so wird ihr ganzes Leben umgekrempelt. Ihre Verbindung zu ihrer verinnerlichten kontrollierenden und ordnenden Instanz lässt dann Platz für eine überwältigende, unerhörte Leidenschaft. Sie wollen nur noch mit diesem neuen Partner sein. Vernünftige Überlegungen sind bereits vorhanden und sie werfen nicht ihre 25 Jahre Ehe so einfach über Bord und verlassen nicht ihre Kinder. Vielleicht fehlt ihnen der Mut. Sie brauchen jedoch eine feste Bestätigung, dass der besagte Mann sie genauso liebt wie sie, auch wenn er scheint nie Zeit für sie zu haben oder wenn er sich selbstverständlich jeden Abend nach seiner Beschäftigung nach Hause zu seiner Ehefrau begibt. Aus einem weiteren Beispiel: der Chef, der Firmenbesitzer, der, obwohl er geschieden also frei ist, große Rücksicht auf seine Umgebung und seinen Ruf nehmen muss. Kurz zusammen gefasst scheint doch eine Hemmung vorhanden zu sein, die ein leidenschaftliches Treffen verhindert. Manchmal passiert zwar ein einzelner Kuss, der aber zu keiner Vertiefung der Beziehung führt. Die unerfüllte Sehnsucht bleibt jedoch beharrlich in der Hoffnung, dass der begehrte Mann irgendwann eine Einladung ausspricht. Diese Situation kann sich über einige Jahre hinziehen, ohne konkreter zu werden. Einerseits sind die weiblichen Personen von der gegenseitigen Liebe überzeugt, anderseits kommen sie zu mir für eine Klärung. Sie wollen mit Sicherheit wissen, dass er zum Beispiel auch an sie denkt, dieselben Gefühle empfindet wie sie für ihn, oder dass sie irgendwann, wenn alles stimmig ist, zusammenkommen werden. Wenn ich praktische Fragen stelle, was die Lage der jetzigen Familien betrifft und wie sie genau Kinder, Ehemann und Liebhaber realistisch managen würden, haben sie keine nachvollziehbare Vorstellung. Wenn keine Einladung vom begehrten Mann je geschieht, schlage ich vor, dass sie die Situation ein wenig provozieren: man kann ja nicht ewig warten, manchmal muss man den Ball anstoßen, damit er ins Rollen kommt. Und vor allem könnte eine deutliche Antwort ausgesprochen werden: ein Nein oder ein Ja, was überhaupt die verstrickte Lage ein für alle Mal klären könnte. Natürlich auf eine feine, geschickte Art, aber sogar dann weigern sich die Frauen einen Anstoß zu geben. Außer in einem Fall, wo die Frau tatsächlich ihre Familie verliess (und später zu ihrem Mann zurückkehrte), sehe ich eher einen starken Projektionsmechanismus. Dieser besitzt eine wichtige Funktion: nämlich Leidenschaft in ein meist von Pflicht und Vernunft beherrschtes fades Leben hinzuzufügen. Und das ist mehr als sie bis jetzt in diesem Leben erlebt haben. Dadurch entdeckt diese Person ganz neue Aspekte ihrer Persönlichkeit und kommt näher durch den aktivierten Emotionalkörper zu ihrem Wesen. Was meine Hellsichtigkeit dazu sagt, ist dass diese starke Liebe tatsächlich auf einer ehemaligen Beziehung zu diesen Menschen in einer vorigen Inkarnation beruht. Daher ist wohl eine bezwingende gegenseitige Anziehung da vorprogrammiert. In der Tat kennen sie sich auf der Seelenebene und haben eine Ehe, eine Verliebtheit oder eine verbotene Liebe erlebt. Es sind durchaus überwältigende Emotionen vorhanden. Auch wenn sie einen mitreißen können, sind sie aber keineswegs der Beweis, dass diese Beziehung wiederbelebt und gegen alle Vernunft in diesem Leben genährt und ausgelebt werden sollte. Darüber hinaus birgt diese unerwartete Situation einen Anstoß aus diesem Zwiespalt einen reifen Entschluss zu treffen. Unter reifem Entschluss verstehe ich eine Wahl, die jenseits der Erfüllung der intensiven emotionellen Sehnsucht und der Befriedigung des Egos und der Triebe liegt. Meistens bietet diese magische Begegnung ebenso eine Auseinandersetzung mit der Schattenseite, die von einer Vielfalt und Intensivierung der inneren Empfindungswelt begleitet ist. In der Tat wird die sehnsüchtige Frau zu einer höheren Entscheidung gerufen, die den Spagat zwischen Ehe, Treue und Verliebtheit transzendiert.

Unerträglich zerrt das Dilemma so lange an den Kräften und an der Basis der alten Glaubenssätze, dass die Antwort jenseits von Familien-Gewohnheiten und Hingabe an den Geliebten und an das neue Leben liegen muss. Daraus wird eine Lösung geboren, die nicht schwarz oder weiß ist, sondern ein Ergebnis aus der neu erworbenen Verbindung zur inneren Weisheit. Die Klientin entdeckt, dass es nicht darum geht, sich für das Eine oder das Andere zu entscheiden, sondern für SICH SELBST. Im besten Fall wächst sie aus dieser Verzerrung und begegnet sich selber. Vor allem aber entdeckt sie nun ihre Wünsche, ihre Vision, die sie dann stetig in der bestehenden familiären Umgebung umsetzt. Schlussendlich bleibt sie sich selbst treu und unabhängig von äußeren Begebenheiten.

Gelegentlich mag es sein, dass die Frau, die meinte in mir eine Bestätigung ihrer Wünsche, wie bei einer Wahrsagerin zu finden, von dieser Antwort enttäuscht ist. Ich bin aber keine Wahrsagerin und kann nur aus ethischen Gründen, wahrhaftige Antworten geben. Antworten, die verhelfen, die verstrickte Situation zu durchschauen sowie die vorhandenen Mechanismen zu begreifen. Hilfestellung, Durchsicht und Klarheit, Mitgefühl und Empfehlungen liefere ich gerne, Entscheidungen müssen die Damen selbst treffen.

Zurück zu meinem Gastgeber: ich schließe nicht aus, dass er unter einer ähnlichen Täuschung aus vorigen Zeiten leidet. Nichtsdestotrotz ist dieses Mal anders zwischen uns. Zusätzlich vermute ich sehr praktische Gründe, warum er nicht weiterhin alleinstehend sein will. Nicht nur die Einsamkeit fällt ihm schwer, sondern er findet allein den Antrieb nicht, um sein Leben mit Garten und Alltagspflichten zu bewältigen. Und er sucht schon lange die richtige Partnerin seit Bellas Ableben.

Ich sitze nun bei Jeanne und während des Erzählens erkenne ich, dass der zweite Teil der Geschichte Pierre-François gewidmet ist. Es geht um die Beendung einer emotionellen Bindung. Ich schau ihn mit durchdringenden Augen an. Das Ganze scheint ihm peinlich zu sein und er schaut weg Richtung Jeannes Bett. Im selben Augenblick kommt die Krankenschwester an und wir verabschieden uns von der kranken Frau.

Schweigend sitzen wir im Auto. Dann berichtet mein Fahrer über seine Antwort auf Jeannes Wunsch, als sie ihn vor ein paar Monaten darum bat, ihr eine Botschaft mitzugeben. Er fragt sie, was sie sich zu Weihnachten wünscht. Eine schöne Idee, sage ich – wobei es nicht selbstverständlich ist, dass sie bis dann noch unter uns ist. Meine lange Geschichte wird nicht kommentiert. Er lenkt das Gespräch auf eine Beobachtung, die er bei Jeanne gemacht hat. Eine tiefe Eifersucht von Jeanne mir gegenüber hätte er gespürt. Solche Sachen könne er gut wahrnehmen. Dinge, die andere Menschen gar nicht fühlen oder sehen, kriege er mit. Ich betone, dass Jeanne krank, schwerstkrank ist und dass eine solche Empfindung vielleicht nachvollziehbar sei. Ich bin älter als sie und protze vor Kraft. „Nein" antwortet er, „die Eifersucht beziehe sich auf meine Nähe zu ihm, denn ich sei ihm viel näher als sie es je gewesen sei". Ich schiele und schlucke. Was stellt sich dieser Typ vor? Worum geht es? Ich bin so viel am Überlegen, dass ich erst nach einer Weile frage: „Meinst du das im Ernst?". Im Nu sind wir schon am Kraftplatz.

Ich hatte darum gebeten einen energetischen Ort in der Gegend zu besuchen. Das Ziel meines Besuches ist ja ein spiritueller und ein energetischer Austausch mit ihm. Insbesondere weil er sich besonders gut auskennt und die Gegend so reich an Kraftplätzen ist.

Die Sonne strahlt, der Boden auch: aus der Erde spüre ich eine stärkende, aufladende und nährende Schwingung. „Das ist der Yang Ort" erklärt Pierre-François. „Jetzt zeige ich dir die Yin Stelle. An diesen Kraftplatz habe ich so viele Menschen hingeführt und ihnen neue Wege gezeigt und das über Jahrzehnte. Ganz spezielle Plätze, die kaum bekannt sind" fügt er hinzu.

Jetzt ist er in seinem Element, das kann ich sehen. So kenne ich ihn auch: im Praktischen ein guter Lehrer. Er ist imstande klar und gezielt den Studenten auf das Wesentliche hinzuweisen. Er freut sich sein Wissen weiterzugeben, ich bin auch sehr erfreut. Das ist für mich endlich wirklich interessant. Ich drücke meine Dankbarkeit aus. Dann kommt er mir viel zu nah und flüstert mir ins Ohr: „Es ist überhaupt ein sehr schöner Tag heute". Instinktiv mache ich einen Schritt zurück. Ich werde auch gleich ernster und distanzierter. Wenn meine Fröhlichkeit und meine Leichtigkeit falsch interpretiert werden, zeige ich dann ganz deutlich meine Grenzen. Habe ich zu tun mit einem uneinsichtigen Menschen? „Mich interessiert, was du mir jetzt zeigst. Das ist einer der Gründe für meinen Aufenthalt hier. Mehr brauche ich nicht" lautet meine Antwort wirklich genervt.

Wir fahren dann weiter an einen anderen Ort und zu einer Kirche am Meer, die auf einem Kraftplatz gebaut wurde. Die Landschaft ist wunderschön, die Stimmung zwischen uns gedämpfter. Dieses Mal zeigt mir mein Reiseführer die energiereichen Stellen, aber auch einen Ort, wo die Kraft am Körper deutlich entzogen wird.

Zurück im Auto fahren wir schweigend eine Zeitlang. Dann erzählt er etwas über seine Sexualität. Nur kurz, so ein Satz. Der Idiot ist wieder da, er hat immer noch nicht verstanden, dass ich keine Anlaufstelle bin für seine Ehe- und sexuellen Probleme. Was er da erzählt, ist eine ganz tolle Besonderheit über sein heldenhaftes Verhalten im Bett. Er bläst seine angeschlagene Männlichkeit auf, indem er mir intime Dinge erzählt. Und es dreht sich immer wieder um sein kleines überbewertetes Körperteil. „Krank" sage ich einfach und rede über irgendetwas anderes als Ablenkung, wie man es mit Kindern macht, damit sie aufhören ständig nach Süßigkeiten zu betteln.

Er springt darauf ein, nach dem Motto „lieber einen Quatsch erzählen als still zusammen zu sitzen". Diese Einstellung scheint übrigens sehr verbreitet zu sein. Ich habe mich auch öfters unter Druck gefühlt, etwas zu erzählen, um zu plappern. Ich verzichte jetzt darauf. Das Höchste besteht nun darin, jemanden zu finden mit dem ich bequem und still sitzen kann und in einem Moment, der von beiden geschätzt wird, ohne den Drang zu haben, Lärm mit dem Mund zu machen.

Gemeinsam und vertrauensvoll Stille zu teilen, die Hingabe an den Augenblick, ohne Worte, zu kosten.

Dann fragt mich Pierre-François, wie ich pranisch geworden bin und überhaupt, wie ich diesen Zustand aufrechterhalte. Ich erkläre ihm ausführlich die Methoden, die ich anwende, wie sie wirken und wie ich sie über anderthalb Jahre an meine persönlichen Bedürfnisse adaptiert habe. Er hört zu und sagt ausnahmsweise kein Wort. Ich staune. „Du machst keinen Pieps. Du weißt es sonst immer besser, nicht wahr?" Umso besser, wenn er nichts sagt, denn wer nicht weiß, hat auch nichts zu sagen. Aber doch, er möchte nur darauf hinweisen, dass Jasmuheen daran gestorben sei. Da muss ich ganz laut lachen, denn sie ist lebendiger als je. Ich habe sie per Skype erlebt vor ein paar Wochen und habe ihr letztes Buch gelesen. „Schau mich doch an: ich bin gesund, fit, frei, beweglich und aufnahmefähig für Neues dank Lichtnahrung!" Das Thema schließen wir ab, denn auch da haben wir nichts Gemeinsames. Er meint auch, dass Guantanamo schon längst geschlossen sei. Ich kann ihn immer weniger ernst nehmen. Ich habe zwar keinen Fernseher und lese keine offiziellen Medien, aber ich achte darauf bestens informiert zu sein.

Abends sitzen wir ruhig zusammen, er wie immer mit seiner Sammlung beschäftigt und ich mit den Büchern, die ich aus seiner Bibliothek gewählt habe. Plötzlich greift er mich verbal an und spricht abwertend über die Lichtnahrung und meinen Zustand. "Es funktioniert überhaupt nichts mehr, es gibt überhaupt nichts mehr, keine Interessen an irgendetwas, was da Spaß machen könnte. Der Mensch ist aber auf der Erde, um glücklich zu sein, um zu genießen". Der hedonistische Vortrag wird dann von einer spirituellen Litanei über die Liebe ergänzt. „Nur die Liebe zählt und die Liebe öffnet das Herz und heilt alles. Der Mensch in sich ist böse, solange er die Liebe nicht entdeckt hat…" Auch für mich sind die allumfassende Geborgenheit, die alles durchdringende Liebe und Licht, Voraussetzung und Ziel des Daseins. Aber gerade diese Art der opportunistischen und oberflächlichen Interpretation finde ich fehl am Platz.

Da ich nun diesen Menschen und seine Ausdrucksanfälle nicht mehr ernst nehme, starre ich ihn einfach an und lasse mich keineswegs auf irgendeinen Austausch ein. Er ist einfach frustriert. Ich bin anscheinend die erste Frau, die auf seine Manipulationen, sein Ansehen, und sein aufgeblasenes Selbstvertrauen nicht eingeht und darin verfällt. Es ist wohl, was er meinte, als er mir am Anfang meines Aufenthaltes einmal ins Ohr flüsterte: „Ich bin nicht daran gewöhnt lange auf eine Frau zu warten!" in einem gleichzeitig eindringlichen und aufdringlichen Ton. Hoffentlich ist es das letzte Mal, dass er sich diese grenzüberschreitende Haltung gönnt. „Old habits die hard" behaupten die Engländer. Es ist hart, sich von alten, schlechten Gewohnheiten zu lösen. Denn Frauen sind wählerisch geworden und bestehen auf ihre Selbständigkeit und Selbstbestimmung. Für viele, die schon ein erfülltes Leben führen, kann eine Beziehung nur unter der Bedingung eingegangen werden, dass sie eine Bereicherung darstellt und eine Aufwertung ihrer Lebensqualität mit sich bringt und vor allem, dass ihre Freiheit und Selbstständigkeit respektiert werden.

Grundsätzlich soll eine Affinität zwischen den Partnern vorhanden sein. Eine Frau ist nicht einfach zu haben, weil sie eine Frau ist. Er hat sich nicht einmal über mein Privatleben erkundigt, auch nicht über meine berufliche Laufbahn, meine Pläne für die Zukunft, meine Verpflichtungen, meine Wünsche, meine Interessen. Ich lebe in einer Weltstadt, was würde ich davon halten auf dem Lande ohne öffentliche Verkehrsmittel zu leben?

Nein, der gute Mann besitzt ausschließlich einen Tunnelblick auf seine Rolle als verzweifelter Verführer. Sein Verhalten verrät die selbstverständliche Haltung, dass eine Frau ihm zusteht. Selbstüberschätzung abstrahiert alles, was in seinem Märchen nicht passt. Dass keine Gegenseitigkeit meinerseits besteht, ignoriert er einfach. Das haben die Männer ja lange Zeit gemacht. Diese naive Erwartung, dass die Frau sich von seiner Aufmerksamkeit geschmeichelt fühlt, ist schon lange passé. So ein wichtiger Mann, ein erfolgreicher Autor, der lange Zeit als bekannter Lehrer in der Normandie geschätzt war, ein großer Landbesitzer und so weiter. Das würde doch keine Frau ablehnen können, davon ist er überzeugt.

Er bräuchte mich nur kurz zu betrachten, nicht einmal mit seinen angeblich hellsichtigen Fähigkeiten, um zu erkennen, dass ich anders veranlagt bin. Erstmal bin ich zufrieden damit wer und was ich bin und meine Freiheit ist mein wertvollster

Begleiter. Besitz hat mich noch nie verführt, Rollen und Ansehen auch nicht. In eine reine Seele, in ein gehobenes Streben, in eine authentische und integrale Persönlichkeit, in ein warmes, freies Herz könnte ich mich verlieben. Vor allem geht es für mich um die Schwingungen, die zwischen den Menschen fließt. Die nehme ich auf verschiedenen Ebenen wahr. Die Resonanz schafft die Verbindung und sie ist der entscheidende Faktor, der alles andere überragt, insbesondere egoistische Wünsche und Machenschaften. Da gibt es nichts zu zerreden. Außerdem besitze ich genügend Selbstwertschätzung und beabsichtige keinesfalls, auf meinen Erfolg zu verzichten, meine Errungenschaften hinter mir zu lassen, meinen persönlichen Raum und meine Freiheit abzugeben. Ich bleibe in meiner Ganzheit und widme mich meiner Inneren Hochzeit mit Leidenschaft und feiere sie mit erfülltem Herzen und wachem Geist. Ich bleibe meinem Weg treu.

Auch heute setze ich dem Tag ein frühes Ende. Ich widme mich meinen Meditationen und meinen Übungen.

SECHSTER TAG

Ambivalenz der Situation. Der Sammler. Ent-täuschung. Reflektionen. Rollenspiele umkrempeln. Im Laden des Sammlers. Familienverhältnisse umorganisieren. Lieblingsthema. Vertrauensbruch. Noch ein Versuch. Meine Wut. Véronique´s Sitzung.

Der sechste Tag ist der vorletzte meines Aufenthaltes bei Pierre-François. Ich bin stolz darauf, dass ich geblieben bin und nicht frühzeitig weggefahren bin, was ich noch vor einigen Jahren getan hätte. Ich wäre einfach vor der erdrückenden Lage geflohen.

Das Merkwürdige an dieser Art von Situation ist die Ambivalenz: einerseits sieht alles nett und höflich sogar fürsorglich aus von außen, anderseits herrscht eine wiederholte Respektlosigkeit und Grenzüberschreitung der weiblichen Grenzen und im Besonderen meines persönlichen und privaten Rahmens. Alle sind nett zu mir aber der Patriarch nutzt die Situation aus, in der Hoffnung seine persönliche, sexuelle Erfüllung zu finden. Wie verbreitet ist ein solches Verhalten? Wie häufig begegnet man dieser leisen Manipulation? Wie gerne wird die patriarchalische Überlegenheit mit dem gekoppelten guten Ruf unverschämt ausgenutzt? Ein paar Mal hat er mich unter Druck gesetzt und abwertende Bemerkungen gemacht: ich sei nicht flexibel, ich sei zu starr und überhaupt gar nicht offen. Ich bin und bleibe stabil. Vor allem bin ich mir zu wertvoll, um gegen meine Lust und meinen Selbst-Respekt zu handeln. Ich kann mir vorstellen, dass diese Art von Abgrenzung vielen Frauen nicht leichtfällt vor allem im Kontext seiner andauernden Versuche. Einige würden sich möglicherweise angelockt fühlen durch seinen Landbesitz, durch sein Ansehen und auch durch seine anscheinende Selbstsicherheit. Implizit steckt eine andauernde Gewalt in diesen Stereotypen, auch wenn sie gerne verharmlost wird von beiden, Frauen und Männern. Es ist Zeit, sie über Bord zu werfen.

Heute haben wir kein Programm. Doch! Wir fahren zu einem Bekannten von ihm, einem Sammler, irgendwann am Nachmittag. Gleich in der Früh ist der Hausherr mit seinen Briefmarken und seinen Münzen beschäftigt. Der Himmel ist bedeckt und es ist kalt draußen. Es ist mir leicht langweilig. Das Tempo dieser Woche ist überhaupt sehr verlangsamt für meine Verhältnisse. Ich habe ein schnelles Auffassungsvermögen und Dinge müssen ein wenig schneller laufen, um für mich spannend und nährend zu sein. Ich frage mich also, wie ich die letzten Stunden hier verbringen werde.

Pierre-François sieht heute nicht gut gelaunt aus. Eigentlich haben wir keine gemeinsamen Gesprächsthemen mehr oder wir haben sie sehr schnell erschöpft. Richtig spazieren im Dorf ist auch kaum möglich. Ich habe genug vom vernachlässigten Garten. Ich frage ihn, ob ich seine spezialisierte Bibliothek anschauen kann. Er bringt mir einige Bücher. Ein paar Stunden später noch einige mehr. Als er meinen Eifer sieht, bringt er mir weitere Exemplare, die für mich tatsächlich fesselnd sind in Bezug auf spirituelle, esoterische und energetische Themen. Jeder zieht sich in seine Welt zurück, obwohl wir am gleichen Tisch sitzen. Es ist so. Der Aufenthalt ist für beide ganz anders gewesen als erwartet. Der Verführer ist gescheitert und die Spirituelle geht leer aus.

Nein, ich gehe nicht leer aus: ich habe von meinem Gastgeber einige spezielle Energiegeräte gekauft und eine Menge gelernt über verzerrte Realitätsbilder, über Täuschung. Ich durfte dem echten Charakter begegnen hinter der äußerlichen Persönlichkeit, dem Mann hinter der Rolle des Autors. Eine Ent-täuschung, das heißt eine Täuschung ist entfallen. Eine Blendung hat sich aufgelöst. Die ärmliche Realität hinter der strahlenden Erscheinung. Diesen Spagat kann ich noch überbrücken mit dem Mitgefühl für das Menschliche. Der Mensch, der es sich so schwer macht, seine wahre Größe anzunehmen und gleichzeitig seine Verletzlichkeit und Unvollkommenheit in seiner Göttlichkeit zu integrieren. Es fällt mir aber schwerer die Kluft zu überbrücken zwischen dem originellen Autor und dem Hormon-gesteuerten älteren Herrn, der partout nicht annehmen kann, dass ich kein Interesse habe, sei es lang- oder kurzfristig, an seiner Sehnsucht nach einer Partnerin. Schade, dass dieser Mensch sich so leicht von seinen unteren Chakren steuern lässt. Schade, dass die Einsicht fehlt und dass sein Respekt für das weibliche Gegenüber minimal ist. Was mir auch eigenartig vorkommt, ist dass er keine Achtsamkeit lebt und praktisch nichts integriert hat von den Themen, die er in seinen Büchern behandelt, zum Beispiel hat er gar keine Ahnung über lebendige Nahrung oder über wesentliche, natürliche Ergänzungsmittel. Noch gravierender ist die Angelegenheit mit der Besetzung des jungen Mannes: obwohl Pierre-François über solche Themen geschrieben hat, scheint er in der Praxis völlig inkompetent zu sein. Jetzt weiß ich von Bella, wo er die Information herbekommen hat. Ist es möglich so ein spezialisiertes Wissen zu besitzen, ohne es zu integrieren, ohne es zu leben und umsetzen zu wollen? Diese Diskrepanz ist ein Rätsel für mich. Ist das ganze einfach ein Thema, womit er Geld und Ansehen gewonnen hat? War das eine Rolle, die er gut gespielt hat? Und jetzt spielt er eine andere, die vielleicht lukrativer ist? An dieser Stelle hinterfrage ich mich und mein Streben, Dinge umzusetzen, die für mich sinnvoll und wichtig sind. Es geht mir nicht einmal um die Vollkommenheit der Umsetzung. Sondern um die Bemühung, die Integrität, die Überzeugung, das Wissen und das Können im Alltag zu leben. Schlussendlich geht es um die innere Kohärenz. Fehlt sie komplett, entfällt für mich auch die Glaubwürdigkeit des Menschen.

Pierre-François' konstante Beschäftigung mit seiner Sammlung macht auch jeglichen Austausch eher schwierig; man kann zwar ein paar Worte austauschen. Aber für ein reges Gespräch hat mein Gegenüber nicht genug Konzentration, Aufmerksamkeit oder Interesse übrig. Diese Eigenschaften werden von den Briefmarken und den Münzen regelrecht aufgeschluckt. Anders betrachtet vermeidet er jeglichen Austausch: er grenzt sich ab in seiner kleinen Welt, wo er noch zwanzig ist und Frauen mit seinem unwiderstehlichen Charisma verführt. Sein Blick ist in die Vergangenheit gerichtet, vor die Zeit, wo er die Enttäuschungen hinnehmen musste, die seine ewige Suche nach der Aufmerksamkeit der Mutter kennzeichneten. Immer wieder wollte er so ein guter Mann sein: ein perfekter Liebhaber, so stark, so klug, so erfolgreich, so wissend, so schnell in seiner Reaktion, dass seine Wunscherfüllung allein und einzig den gesamten Fokus der liebenden Mutter / Frau an sich lenkt und unersättlich noch mehr von der weiblichen Bewunderung an sich lockt und in sich schluckt. Wie ein Vampir, der keine Weigerung annehmen kann, weil seine Abhängigkeit ihn zwingend treibt.

Schuld sind die Ehefrauen, die schlechte Frauen waren.

Aus der zwischen uns herrschenden Stille entsteht ein Gesprächsversuch von Pierre-François. „Wir sind doch hier, um glücklich zu sein, um Freude und Spaß zu haben." Das ist seine Ansicht. Meine klingt etwas anspruchsvoller, obwohl wir grundsätzlich einverstanden sind. Das wahre Glück, was ich lieber Erfüllung nenne, entsteht aus dem Einklang mit der Seele und sie ist dadurch auf allen Ebenen vorhanden. Nicht in übertriebenem Übermaß, sondern in einem sein und haben, was einem zusteht. Genug. Nicht mehr und nicht weniger. Eine gemäßigte Fülle. Dann fehlt einem nichts. Nichts, das man an sich reißen müsste aus Angst, allein zurechtzukommen oder nicht genug zu haben von dem einen oder dem anderen. In Übereinstimmung mit der Seele ist alles vorhanden, was benötigt wird: die richtigen Menschen begegnen sich, die Gelegenheiten scheinen aus dem Zufall heraus aufzutauchen, die Mittel sind da, die für die Lebensführung und die Ausführung der Projekte nötig sind. Eine höhere Stimmigkeit herrscht. Kein billiger Hedonismus, keine schnelle Sättigung der Triebe, kein „Ich muss doch", weil „ich will", sondern „Dein Wille geschehe durch meinen Willen." Aus dieser Perspektive ist erfüllt sein nicht nur ein persönliches Streben, sondern eine Pflicht der Schöpfung – inklusive Menschheit – gegenüber.

L´éternel féminin ist in seinem Lebensdrehbuch doch erschienen: Da war sie, die perfekte Frau, genau sieben Jahre lang. Warum starb die Frau, die genau die Erfüllung seines Traums versinnbildlicht nach diesem kurzen Eheglück? Wurde ihr die Kraft aus dem System herausgesaugt? Ist das möglich? Das war doch Liebe wie aus dem Bilderbuch! Vielleicht ist die Liebe aus dem Bilderbuch eine Geschichte eines Raubüberfalles und eines egoistischen Machtspieles? Mag es sein, dass es Zeit ist, die Bilder aus diesem Bilderbuch unter die Lupe zu nehmen und sie aus dem Unterbewusstsein herauszuschmeißen?

Solche Fragen, kann ich stellen, jedoch nicht allgemein beantworten. Jede und jeder kann sich damit auseinandersetzen. Ich bin aber imstande zu beurteilen, dass ich nichts davon annehmen will, was mir da dargeboten wird mit einer Selbstverständlichkeit, die jedoch für mich nicht akzeptierbar ist. Gerade dieses „in Anspruch nehmen" und noch mehr, diese Arroganz, die mir entgegengebracht werden, symbolisieren überholte patriarchale Muster. Das alte Rollenspiel hat ausgedient. Jetzt wollen wir intelligente, wertschätzende, weise Spielregeln aufstellen. Bis man so weit ist, gibt es vielleicht sogar eine Spielpause, damit beide Seiten reflektieren können, wie sie sich neu begegnen wollen.

Es kann sein, dass die Pause sogar eine gewisse Zeit dauert. Denn die hartnäckigen, verrosteten Beziehungs- und Denkmuster sitzen fest in den Köpfen – und nicht nur dort! Sie werden noch Frust, Enttäuschung, Ärger, Kummer und manche gebrochenen Herzen verursachen. Diese naiven Herzen, die in den Rhythmen der billigen Liebeslieder gewogen worden sind. Irrsinn und Irreführung wird da gesungen: reine Täuschung in den Herzen gesät und unrealistische Erwartungen an einander geschürt. Ein Verbrechen gegen die Menschheit: das Grundthema zwischen Mann und Frau wird wie eine verantwortungslose Blendung in die Luft geweht, wie ein giftiger Köder in einer süßen Verführung verpackt. Anstatt grundsätzliche Loyalität, Respekt, Achtsamkeit, spielerische und genussvolle, sich ergänzende Annäherungen zu gestalten, wo man sich frei und vertrauensvoll auf Augenhöhe begegnen will. Ja, Beziehungen, in denen Freiheit, Loyalität und Vertrauen sich respektvoll verbinden, ob Sexualität eine Rolle darin findet oder nicht. Zeit fürs Umkrempeln bis in die Bettwäsche und bis die einschränkenden, konfliktreichen Abhängigkeitsrollen…. eben aus dem Bett stürzen.

Es sieht so aus, als ob ich tief im Buch versunken wäre, mache mir aber meine eigenen Gedanken bis es Zeit ist, loszufahren.

Diese Stadt besuche ich zum ersten Mal, ich freue mich etwas Neues zu entdecken. Im Laden des Sammlers, werde ich nicht als die Lebensgefährtin vorgestellt. Ich werde nämlich gar nicht beachtet. Das macht nichts. Ich stelle mich selbst vor mit

Vornamen und Handschütteln. Ich bin da und auch wenn ich diesen Menschen nie mehr in meinem Leben erblicke und er mich innerhalb 10 Minuten aus seinem Gedächtnis ausradiert, möchte ich trotzdem das menschliche Dasein respektvoll vertreten, sowohl das meine wie das meines Gegenübers. Die Unterhaltung ist für mich belanglos. Ich beobachte die Energien um die Menschen herum, im Laden, im Café und deren Interaktion.

Das Treffen mit dem Sammler kommt nach kurzer Zeit zu Ende. Es ist noch früh am Nachmittag und Pierre-François will nach Hause fahren. Es graust mich schon jetzt nach Hause zu fahren: die Idee, den späteren Nachmittag und den ganzen Abend mit Lesen zu verbringen während Pierre-François seine Briefmarken einordnet, macht mich überdrüssig. Ich frage, ob es einen interessanten Ort in der Gegend gäbe, wo wir anhalten könnten. Nein, heißt es, hier ist nichts Besuchenswertes. Es ist klar, mein Begleiter hat jegliche Interessen an mir verloren. Entweder bin ich die „Lebensgefährtin", seine Wunsch-Projektion oder ich bin nicht wirklich da.

Unerwartet taucht ein Straßenzeichen auf, das auf den „Teufels Stuhl" hinweist. „Biege rechts ab, bitte", sage ich impulsiv „Ich würde mir gerne diese Anlage anschauen!". Mitten im Wald stehen riesige Felsen umgeben von Teichen und Bächen, ein traumhafter Ort aber die Schwingung kommt mir dort seltsam und grausam vor. Pierre-François erklärt, was es mit dem Teufels Stuhl auf sich hat und dass Menschen von höchsten Felsen in den stürmischen Fluss geworfen wurden. Die Natur ist bezaubernd aber der Mensch hat diesen Ort für grausame Rituale verwendet. „Es gibt auch tellurische Strahlungen und viele unterirdische Wasseradern, die die Frequenz des Ortes eher negativ prägen" ergänzt er. Es ist wieder einmal eine Freude, seine geobiologische Darstellung zu verfolgen. Er kennt das Thema ausführlich aus unterschiedlichen Blickwinkeln. Für mich ist dieser Ausflug das Highlight des Tages. Jetzt fahren wir nach Hause.

Véronique, Pierre-François' Tochter, wartet auf mich. Sie möchte, dass wir eine Zeit vereinbaren für eine Beratung: „Ob ich einige ihrer vielen Fragen beantworten würde?" Sie schätzt mich. Gerne möchte ich ihr helfen, denn sie hat viel in ihrer Kindheit gelitten. Ebenso in den letzten Jahren in ihrer Beziehung zum Alkoholiker-Ehemann. Wir machen eine Zeit ab gegen Abend, nachdem sie ihren Sohn ins Bett gebracht hat. Sofort sehe ich in meinem inneren Auge, dass es eine Verzögerung geben wird. „Bis später dann!" sage ich in einem fröhlichen Ton. Ich freue mich auf dieses persönliche Gespräch mit Véronique, die Hoffnung und Ermutigung braucht. Ich gehe aber gleich hoch ins Zimmer, wo ich meine Sachen anfange zu packen. Ich bin glücklich, morgen nach Hause zu fliegen. Ich bin überglücklich darüber, wieder in meine Welt zu tauchen! Vor lauter Freude mache ich ein paar Dehnübungen und lache leise vor mich hin.

Irgendwann gehe ich wieder hinunter. Es ist noch früh am Abend und Véronique hat es noch nicht geschafft ihren

Dreijährigen ins Bett zu verabschieden. Der Kleine spürt unbewusst, dass seine Mutter etwas vorhat, etwas für sich tun will und gerade an diesem Abend ist er besonders unternehmungslustig und unermüdlich. Der Enkelsohn ist genauso sperrig wie der Opa. Sie vertragen sich miteinander auch nicht besonders gut. Insgeheim muss ich schmunzeln über die Idee, dass Véronique und ihr Vater mich so eifrig in die Familie einreihen wollen: Eine ungeeignetere Schwiegermutter beziehungsweise Partnerin könnten sie sich nicht wünschen. Oder doch? Vielleicht die Beste, um ein wenig Gleichgewicht in der Bude wiederherzustellen. Der Tochter würde ich Abgrenzung beibringen, so dass sie sich gegen den übergriffigen Ex-Mann wehren und richtig schützen kann. Ich würde ihr alle Unterordnungsmuster zeigen, die sie beim Vater als Kind gelernt hat und sie darin unterrichten, wie sie sie über Bord werfen kann. Den Opa würde ich buchstäblich in seine Schranken zurückweisen und mit der gesamten Münzen- und Briefmarken-Sammlung im Schrank mit dem wertvollen Geschirr einsperren. Dem Junior würde ich beibringen, dass er Tyrann ist über Ameisen und Käfer und über niemanden anders (besonders nicht über seine Mutter, die er achten und respektieren soll). Ich würde ihn in einem von den vielen Feldern, die der Opa besitzt, allein lassen, bis er seine Wutanfälle auskuriert. So würde ich die Familie neu einordnen. Das wäre aber nur der Anfang. Den Opa und den Enkel würde ich danach im Garten einsetzen, um den Saustall zu beseitigen. Dann könnten sie ihre jeweiligen Energien sinnvoll austoben…

Aus diesen Tagträumen werde ich ruckartig herausgeholt und auf eine andere Weise des „Energie Austobens" hingewiesen. Eben Opa, wie ich ihn jetzt liebevoll nenne (solange ich nicht Oma als Pendant genannt werde) macht jetzt eine kleine Pause von seinen Münzen. Es gebe ja Frauen, die in der Zeit der Menopause ihre Sexualität neu oder überhaupt zum ersten Mal richtig entdecken. Und es gebe andere, die eben mit der besagten Menopause ihre Sexualität völlig aufgeben. Das dürfte eigentlich gar nicht der Fall sein, denn diese Frauen brauchen nur „den richtigen Partner", um eben… sie wieder auf die Sex-Schiene zu steuern. Der Opa lässt sein Lieblingsthema nicht locker.

„Seit du von der Spiritualität pensioniert bist, redest du nur noch über Sexualität. Das ganze Bewusstsein ist dir ins zweite Chakra gerutscht. Ich aktiviere meine Hormone, wann und mit wem ich will. Vielleicht ist diese Fixation ein Zeichen von irgendeinem Alters-Gehirn-Zerfall?"

Pierre-François setzt seine Abhandlung weiter fort. Die Kirsche auf dem Kuchen kommt noch. „Bei Männern ist es aber ganz anders: auch im hohen Alter bleibt die Sexualität weiterhin sehr aktiv wie bei ihm". Ich starre ihn an mit einem leichten Lächeln auf den Lippen. „Das interessiert mich aber gar nicht, verstanden?" höre ich mich sagen als ich mich in meine Zeit als Krankenschwester versetze. Ich habe damals sehr selten Übergriffe von männlichen Patienten erlebt. Es gab nur ein paar harmlose Vorkommnisse. Die Schwester kommt ans Bett mit dem Katheter-Set und der Patient erlaubt sich irgendeinen

Witz, der gänzlich daneben liegt. In der Tat geht es darum seine eigenen Ängste und Verlegenheit zu lockern. Da gilt es rein professionell zu bleiben und gar nicht darauf einzugehen.

Genauso wie bei Pierre-François jetzt. Ich starre ihn an, bis es ihm fast unbequem wird.

Ich werde langsam ungeduldig, denn es ist schon später als geplant und Véronique ist immer noch nicht da. Sie wohnt ja nebenan und ich höre, wie Junior Widerstand leistet und noch eine Geschichte erzählt bekommen will oder Schokolade oder noch einmal mit dem Handy spielen. Dann platzt Véronique herein und entschuldigt sich, leider dauert es noch ein wenig, nicht so lang aber….

Ich habe Verständnis für sie und schätze Véronique sehr. Ich möchte ihr etwas mitgeben, bevor ich wegfahre. Ich werde zwar nicht ihre Aura lesen, sondern ich werde ihre Fragen beantworten und ihr manche Hinweise geben, wie sie besser mit sich umgehen kann. Das ist, was sie gefragt hat und ich halte mich daran. Eine Aura-Lesung ginge vielleicht zu tief für sie. Allerdings ist sie nicht dafür bereit und hat auch nicht danach gefragt. Mittlerweile lese ich irgendeines von den spirituellen Büchern, die mir mein Gastgeber zur Verfügung gestellt hat. Auf keinen Fall will ich die Virilitäts-Thematik wieder einmal beleben oder irgendein Türchen dafür öffnen. Ich stecke im Buch und er wie immer in seinen Münzen. So viel haben wir uns zu erzählen. Wer weiß, was er sonst noch an sexuellen Themen brodelt.

Ich erwartete hier eine tiefe spirituelle Quelle der Weisheit, des praktischen Könnens, der Erfahrung sowie Anregungen zu begegnen. Aber nichts ist vorhanden. Seine Wahrnehmungen sind obskur, er kann nichts, sieht nichts. Es fehlt dem Hausherrn das minimalste Urteilsvermögen im pragmatischen Sinne sowie im spirituellen und geistigen. Er plappert ein paar oberflächliche Sprüche, die verbreitet sind in der Esoterik-Branche: er lebe seine weibliche Seite aus, weil er weint, wenn es einen traurigen Liebesfilm im Fernseher gibt. Eine nichtssagende Aussage. Ein sinnloses Cliché meiner Ansicht nach. Eine Angeberei, die nichts zu tun hat mit der Annahme seiner weiblichen Seite. Ich weine definitiv nicht bei Liebesfilmen. Aber es gibt viele Sachen, die ich nicht gleichgültig annehmen kann: die Kluft zwischen Armen und Reichen, die Erniedrigung von Frauen, Menschenhandel, die Ausbeutung von Menschen, Manipulation, Ungerechtigkeit, Lügen und Betrug, allgemeine Verdrängung und Heuchelei. Ich verliere keine Krokodils-Tränen darüber. Im schlimmsten Fall aber, wenn ich nicht richtig damit umgehen kann und mich davon überwältigen lasse, bekomme ich schlaflose Nächte. Im besten Fall bemühe ich mich um Bewusstsein, Information und sinnvolles Handeln, um zu einer Veränderung beizutragen. Ich habe definitiv keine Tränen zu verlieren über fiktive Geschichten.

Eine weitere Erwartung an Pierre-François war ein Thema, das ich klar und deutlich mit ihm vielleicht schon vor ein paar Jahren besprochen hatte. Ich hatte ihn darum gebeten, mir geistig zu helfen, sollte ich in eine Sackgasse hineinsteuern. Ich hatte formell gefragt, ob ich mit seiner Hilfe rechnen könnte, ob er mir in einer spirituellen Krise beistehen würde oder wenn etwas Ernsthaftes mit meiner Gesundheit geschehen sollte. Ich würde ihn per SMS benachrichtigen lassen. Es stellt sich aber heraus, dass er keine Nachricht liest oder schickt! Warum hat er damals zugestimmt und ganz deutlich „Oui, oui, bien sûr" gesagt? Ja, ja, selbstverständlich. Gut, dass sich der Betrug jetzt entpuppt. Gut, dass ich das rechtzeitig erfahre. Die Enthüllung ist krass. Die schillernde Marionette ist hohl. Leeres Versprechen. Im moralischen Sinne: „ein Vertrauensbruch"?

In einigen Stunden, Hurra, sitze ich in Paris und trinke einen Kaffee auf eine Café-Terrasse und betrachte das Ganze mit Abstand!

Endlich kommt Véronique mit einem großen Heft und setzt sich am Tisch neben mich. „Schön, dass es klappt", sage ich. „Was ist deine erste Frage?"

Pierre-François hat sich zuerst entfernt und ich dachte: „Alle Achtung! Er respektiert seine Tochter beziehungsweise unsere Privatsphäre und lässt uns, unter Frauen, die Arbeit erledigen." Eine Sitzung ist auch eine sehr persönliche Sache, die auch Abstand von Familie und anderen nahen Menschen bedarf. Kurz darauf aber nimmt er breitbeinig Platz beim oberen Teil des Tisches, wo der Patriarch sonst immer sitzt!

Véronique hat eine ganze Liste von Fragen vorbereitet. Sie ist klar und intelligent, etwas streng mit sich. Sie redet schnell und mit betontem Affekt. Ihr Emotionalkörper ist sehr belastet und es wäre eigentlich dringend ihn zu klären und Véronique zu befreien von einigen, schweren Lasten. Ich nehme mir aber vor, mich an die Abmachung zu halten und ausschließlich ihre Fragen zu beantworten, also keine Energiearbeit durchzuführen. Irgendwann schleicht sich der Hausherr ins Gespräch hinein und betont, dass Véronique mich sehr sympathisch findet und dass sie schon am ersten Tag gesagt hätte, ich wäre gerade die richtige Frau für ihn. „Il te faudrait une femme comme ca" („Du brauchst eine Frau wie diese") lautet der berüchtigte Spruch, worauf er sich gestürzt hat und jetzt als allerletzte Chance noch einmal in den Raum stellt.

Äußerlich bleibe ich höflich und anständig. Innerlich entfalte ich mich aber zur Furie. Innerhalb Sekunden wandle ich mich in eine hemmungslose Lilith, die ihn wie eine alte Stoffpuppe durch den Raum durchschleudert, wobei ich ihn anbrülle, bis er gänzlich verrichtet ist. In meiner Imagination. Lilith, die unbändige, die ihre Frustration nicht verdrängt, sondern hemmungslos zum Ausdruck bringt. Lilith, die ihren Raum und somit ihre Rechte schützt und verteidigt. Lilith, die Kraft direkt einsetzt und sich getraut frontal zu widersprechen.

Gleichzeitig erinnere ich mich an Szenen eines kanadischen Filmes, in dem eine indigene Regisseurin die verinnerlichten Gewaltfantasien von indigenen Frauen thematisiert. Selbstverständlich sind diese Frauen nicht gewalttätiger als andere, jedoch haben sie erhebliche Gründe dafür, was in unseren Breitengraden wenig bekannt ist. Die Heldin wird zum

Monster und rächt sich an ihren Peinigern mit einer überdimensionalen Wucht. Natürlich geht es nicht darum, dass Frauen das männliche Machtverhalten nachahmen. Auge um Auge bietet niemals eine Lösung. Dieser Film hinterlässt einen zwiespältigen Eindruck auf mich. Einerseits ist es unerlässlich, Jahrhunderte alte Erniedrigungen, Unterdrückung und Ausbeutung realistisch und ohne Heuchelei anzuerkennen. Zweitens ist im Film alles so übertrieben, dass die grenzenlose Rache zur Parodie wird. Eine Parodie, die eine Resonanz in den tiefliegenden Verletzungen des Weiblichen – nicht nur die der indigenen Frauen – findet. Der Überdruss erreicht eines Tages die Grenzen des Ertragbaren und explodiert wie ein Vulkan, der ewig das innere Magma verdrängt hat und die destruktiven Innereien in einem bestimmten Augenblick nicht mehr zurückhalten kann. Es ist Zeit mit der Verdrängung aufzuhören, Zeit Themen wirksam zu adressieren mit klarem Bewusstsein, mutiger Gerechtigkeit und konsequenten Verhaltensänderungen sowie kollektivem Handeln. Zurück zu dem Film, der mich schockierte. Eher gesagt schockierte mich meine eigene Reaktion. Vor dieser noch nie zuvor erlebten sprudelnden wilden weiblichen Gewalt musste ich lauthals lachen, was eine Menge an Aggressionspotential in mir entlud und sich als befreiend erwies. Offen gestanden kein „lustiges" Lachen, sondern eine emotionelle Reaktion der befreienden Resonanz. Mir fiel ein Satz ein, der mir als Kind zu schaffen machte. „Mädchen haben keine Aggressionen" lautete diese unverständliche Behauptung. Sie wurde gar zu einer existentiellen Frage für mich: „Bin ich dann kein Mädchen? Wie geht das denn? Was mache ich mit der Wut im Bauch?" Verdrängen, konfrontieren, erforschen, annehmen, verstehen, therapieren, um sie wiederum kreativ auszuleben und sie durch Bewegung, Selbstbehauptung, Selbstbestimmung und Freiheit umzuwandeln. Und sie endlich energetisch und geistig zu transzendieren.

Nun möchte ich eine einleuchtende feinstoffliche Beobachtung über die Entstehung, Ausbreitung und Verwandlung von Gewalt in Kriegen. Teilweise (und ich betone teilweise, da es durchaus andere Gründe gibt wie ökonomische, politische sowie Macht- und Manipulationszwecke) entstünden Kriege dadurch, dass unterdrückte negative Emotionen sich wie eine dichte Wolke voll Aggressionen anhäufen. Sie bereise die Erde, um sich niederzulassen, wo die Resonanz dafür vorhanden ist. Das sind Gegenden, wo die Anfälligkeit der Bevölkerung im Sinne von Armut, Frustration und weitere Frustrationen sowie bröckelnde politische und soziale Strukturen herrschen. Solche Orte bieten eine Resonanz für die zerstörerischen Mächte. Nichtsdestotrotz liege der Ursprung der Gewaltballung in ganz anderen Ländern. Auch in Gegenden, wo man Verdrängung und Unterdrückung der Negativität pflegt, bis zum Punkt, wo die eigene Aggression nicht wahrgenommen wird. Irgendwo und irgendwann will diese gestaute Energie zum Ausdruck kommen und einen Ausweg finden. Da sie nicht benannt und auch nicht angenommen wird, irrt sie energetisch herum, bis sie einer Resonanz begegnet wie bereits beschrieben. Würden wir auf unsere Gedanken achten und unsere verdrängten Emotionen registrieren, wären wir eher imstande sie gesund und kreativ umzupolen und auszuleben. Somit gäbe es weniger von dieser aus dem Bewusstsein verbannten und geballten Masse, die verzweifelt ihre Entladung in Gegenden voll Verdrossenheit dieser Welt sucht. Diese bildhafte Entstehung, Ansammlung und „Logistik" der zerstörerischen Kraft versinnbildlicht einen nachvollziehbaren Gedankengang, der den Zusammenhang und die Verbundenheit aller Teile praktisch und lebensnah darstellt. Zur Ergänzung wäre noch hinzuzufügen, dass die mörderische Brutalität der Kriege zur Nahrung für negative Kräfte dient. Selbstverständlich gibt es auch verdorbene geopolitische Interessen im Spiel. Diese beachte ich jetzt nicht, denn ich konzentriere mich ausschließlich auf die energetischen Zusammenhänge, die eher unbekannt sind.

Also nur in meiner Imagination liegt mein Gastgeber wie eine in tausend Stücke zerrissene Puppe da. Eigentlich sitzt er da, wie ein kleiner Junge, der noch einmal versucht, ein Bonbon von Mama zu kriegen. Ich schaue ihn streng in die Augen an und sage mit ernster Miene und tiefem Ton, der keinen Widerspruch duldet: „Jetzt rede ich mit Véronique!"

Sie ist ein wenig beunruhigt von dem angespannten Verhältnis zwischen ihrem Vater und mir. Sie ist endlich an der Reihe. Sie hat die ganze Woche gewartet. Junior hat sein Theater gemacht. Und jetzt gibt es dieses Wort-Gerangel zwischen ihrem Vater und mir. Ich wende mich nun an meine Klientin mit der Nebenabsicht den Vater auszuschließen: „Jetzt widme ich dir gerne meine Zeit". Sie lächelt. Ich bin zufrieden, zu beobachten, dass sie doch Selbstachtung an den Tag legt und auf ihre Angelegenheit beharrt, was ich an ihrer Aufnahmefähigkeit erkenne.

Sie hat hohe Ansprüche an sich. Sie besitzt ein starkes ethisches Streben. Ich erkläre ihr, dass sie noch bessere und vor allem zuverlässigere Ergebnisse erzielen kann, indem sie einen liebevolleren Umgang mit sich pflegt und sich realistische Ziele setzt. Plötzlich platzt sie in Tränen. Ihr ganzer Selbsthass zerfließt jetzt in meinen Armen. Sie geht jetzt durch eine starke Regression. Unkontrolliert berichtet sie aus ihrer Kindheit. Ich gebe ihr einen Halt durch eine leichte Umarmung. Pierre-François ist auch aufgestanden und schaut leicht verstört, wie seine Tochter schluchzt und immer wieder von Mutter und vom Vater erzählt. Manche durch die Tränen und das laute Weinen gebrochene Sätze sind unverständlich. Das Wichtigste jetzt ist die emotionelle Entladung. Nachher wird sie sich leichter fühlen. Sie schaut ihren Vater an. Ich meine, es wäre eine gute Idee, wenn er sie jetzt in den Arm nehmen würde. Da leisten beide Widerstand: „Nein, das gibt es bei uns nicht. Keine Umarmung zwischen Vater und Tochter." „Wäre eine solche Geste in dieser Situation gleichzustellen mit Inzest?" frage ich. „Das machen wir nicht". Kein Wunder, dass das Verhältnis Frau / Mann in dieser Familie eigenartig ist. Natürlich lasse ich das stehen. Die ganze Spannung ist weg. Wir beenden die Sitzung und zugleich diesen emotionell geladenen Abend. Wir wünschen uns einander eine gute Nacht. Véronique bedankt sich in rührender Weise. Ich versuche ein wenig Humor in die Situation hineinzubringen und erinnere sie daran gut auf sich zu achten.

SIEBTER TAG

Frühzeitige Vorbereitungen. Größere Zusammenhänge. Rhetorische Frage. Keine Arena. Wahrsagen. Wachrütteln. Wir fahren los. Der Abschied. Im Zug. Der junge Mann. Im Flugzeug. Der grenzüberschreitende Therapeut. Hand auf Knie. Zu Hause.

Ich stehe wie immer früh auf. Aber heute stehe ich auch besonders zeitig auf, weil das hiesige Abenteuer erfreulicherweise zu Ende kommt. Ich will mich versichern, dass ich auf keinen Fall das Flugzeug verpasse. Meine wenigen Sachen sind schon verpackt. Ich führe meine Übungen besonders ausführlich und lange aus. Trotzdem scheint die Zeit stehen zu bleiben. Endlich steige ich die Treppe hinunter zum Wohnzimmer.

Pierre-François hat Kaffee für mich gekocht. Heute Morgen ist er aufmerksamer, als ob er gerne einen freundlichen Eindruck hinterlassen würde. Es ist klar, dass wir keinen gemeinsamen Nenner gefunden haben. Die manipulativen, wiederholten Grenzüberschreitungen habe ich registriert. Ich werde mich später damit auseinandersetzen, mit der Klarheit des geographischen und emotionellen Abstandes. Er schenkt mir ein Glas Honig, da es das Einzige ist, das ich gelegentlich noch zu mir nehme.

Ich habe nicht einmal Lust, einen letzten Spaziergang in den Garten zu machen. Doch, ich stehe kurz vor dem Haus und schaue über dem Dach. Bellas Erscheinung ist nicht zu sehen. Außerdem kann ich ihre Schwingung keineswegs erspüren und erhalte auch keine Rückmeldung von ihr. Das ist ein gutes Zeichen: sie hat ihren Weg ins Licht, ihren jenseitigen Platz gefunden. Während meines Aufenthaltes habe ich mindestens dazu beigetragen. Dann hat sich die Reise gelohnt. Ob Bella ihren Geliebten losgelassen hat? Ob sie Frieden mit ihrer Schwester geschlossen hat? Das aber gehört nicht mehr zu meiner Aufgabe. Draußen ist es trüb. Es stimmt mich nicht traurig, im Gegenteil bin ich so froh, bald wieder meine Freiheit zu erlangen und diesem verschrobenen Mann samt Umgebung zu entgehen.

Wir machen ein wenig Small Talk, um die Zeit zu verbringen, um die peinliche Stille zu umgehen. Aber weit führt der Versuch nicht. Es gibt nicht viel zu sagen. Oder soll ich konfrontativ sein und ihn frontal provozieren? Endlich ein wenig Tiefe aus ihm herausholen? Ihm seine Abhängigkeit von Frauen vor die Augen führen? Sein geschmackloses Verhalten widerspiegeln? Sein Macho-Gehabe vorwerfen? Sein gespaltenes Getue zwischen unbewusstem Lebemann und spirituellem Autor infrage stellen? Soll ich ihn Plagiat nennen, dem es der Aufrichtigkeit fehlt, die wahren Autorinnen preiszugeben? Nein.

Aber auch folgende Überlegungen über diese seltsame Woche gehen mir durch den Kopf: Was ist der Sinn dieser Begegnung? Was ist ihre Bedeutung nicht nur für mich persönlich, sondern im Allgemeinen und im übertragenen, symbolischen Sinne? Was für Gesetzmäßigkeiten sind darin zu erkennen? Wie hätte ich anders damit umgehen können? Was ist meine Lektion? Gibt es in dieser Geschichte Merkmale, die in zwischenmenschlichen Beziehungsschablonen, in der Gesellschaft, in der Politik wiederzufinden sind? Welche Muster und Absichten verbergen sich hinter dieser Interaktion?

Jedes Ereignis, mit dem ich verwickelt bin, hat mit mir zu tun. Das ist eine Selbstverständlichkeit, die im spirituellen und therapeutischen Bereich öfters erwähnt aber nicht richtig verstanden wird. Da aber alles miteinander verbunden ist, bezieht sich die persönliche Geschichte ebenso unmittelbar auf gesellschaftliche, geschichtliche, soziologische, religiöse und so weiter, strukturelle Archetypen. Nachdem ich Jahre lang mit den individuellen und persönlichen Aspekten beschäftigt war, faszinieren mich heutzutage die größeren Zusammenhänge bis zu planetarischen und kosmischen Dimensionen. Offengestanden trifft man auf erstaunliche Paradigmen. Ich kann nur dazu ermutigen, weiter zu forschen und unermüdlich die Scheinwelt zu hinterfragen, bis sie zu ihren Illusionen klare Antworten liefert. Dies verlangt spirituellen Mut und vor allem die Bereitschaft, die eigenen Scheuklappen wegzulegen.

Rhetorisch stelle ich Pierre-François doch folgende Frage: „Aus welchem Recht nimmt sich der Mann die Freiheit, eine Frau die Seine machen zu wollen, ohne Rücksicht auf ihren persönlichen Willen und ihre Entscheidungskraft, auf ihre Lebenssituation, auf ihre Reaktion und ihre Rückmeldung?"

Dann gibt es natürlich auch die Thematik der Ent-täuschung, der Entlarvung des spirituellen Gurus, der sich entpuppt als hormongesteuerter älterer Herr, der partout nicht einsehen will, dass die Zuneigung nicht gegenseitig ist. Ich habe volles Verständnis für seine Angst, allein alt zu werden oder einfach für das Bedürfnis sein Leben zu teilen mit einer Partnerin. Ich kann mir durchaus vorstellen, dass man versucht Signale zu senden: „Ich hätte dich gerne als Partnerin", oder noch besser, dass man den Mut hat, das Thema direkt anzusprechen: „Ich kann mir vorstellen, dass wir eine interessante Gemeinschaft bilden könnten: was meinst du darüber? Wie sind deine Gefühle mir gegenüber? Aber dieses rücksichtslose, hartnäckige Einhaken, ohne die Rückmeldung der Frau miteinzubeziehen, ist mir widerlich. Ein solches Verhalten entsteht aus dem Kopf eines Mannes, der nicht verstehen will, dass Nein, Nein bedeutet; aus dem Kopf eines Typen, der meint: „Sie sagt nein, aber sie meint ja" oder „Wenn ich lang genug auf sie einwirke, sie bedränge, wird sie irgendwann zustimmen". Ein solches Verhalten, kann nur entstehen aus einem kranken Kopf, der meint, er müsse um jeden Preis um eine Frau „kämpfen".

Sind wir in einer Arena? Nein, wir haben mit Resonanz zu tun, mit Affinität, mit Übereinstimmung. Die Energie fließt von selbst oder eben auch nicht. Die nicht-Gegenseitigkeit ist immer schwer zu ertragen für das Ego. Das kann ich auch mitempfinden. Ja, es ist schmerzhaft zu entdecken, dass eine / einer nicht mit mir im Sandkasten spielen will. Eine Abweisung, eine Ablehnung, unabhängig in welchem genauen Rahmen der zwischenmenschlichen Beziehungen, ist immer schwer zu ertragen, sei es geschäftlich, privat oder innerhalb einer Freundschaft, einer Liebschaft, innerhalb einer Hierarchie. Es geht grundsätzlich um dasselbe Thema. Die Zuneigung wird nicht erwidert, das Vorhaben ist einseitig. Respektvolle und freiwillige Interaktion durch energetische Resonanz: es entsteht eine natürliche Übereinstimmung, die wiederum einen wohlwollenden Umgang fördert. Wir sind gut zueinander und daraus entsteht etwas Einmaliges: eine Arbeits- Spiel- oder Liebesbeziehung. Ist die Resonanz nicht vorhanden, kann sie unmöglich herbei gezwungen werden. Also, beruhige dich!

Nein, ich schaffe es nicht, einen tieferen Austausch zustande zu bringen. Ich werde mich nicht bedanken für die Woche. Mein Versuch, unsere widersprüchlichen Erwartungen anzusprechen, scheitert. Es herrscht Stille. Möge die Stille Wahrheit und Erkenntnisse beinhalten.

Unerwartet bricht Pierre-François das Schweigen: „Du wirst erwartet, nicht wahr?" Sein Blick starrt mich an, wie ein eifersüchtiger Liebhaber. Kann es sein, dass er plötzlich einsieht, dass ich ein eigenes Leben führe? Sein durchdringender Blick scheint zum ersten Mal, mich als eine reale Person zu sehen. Bis jetzt war ich die Projektionsfläche seiner Wünsche oder der Wiederbelebung seiner jugendlichen Sehnsüchte. Vorhin war ich eine zu erobernde Frau, die seine unwiderstehliche Männlichkeit bestätigen sollte. Irgendwie bricht eine Öffnung diese unüberwindbare Selbstüberzeugung des Casanovas, der doch immer wieder und auf widersprüchliche Weise eine Bestätigung benötigt. „Ich bin nicht daran gewöhnt, so lange auf eine Frau zu warten" spreche ich langsam aus. Er weiß, dass ich seine Worte nachahme. Er weiß ganz genau, was ich damit bezwecken will.

Die Öffnung in der Mauer der unbesiegbaren Burg seines männlichen Egos zeigt nun eine grausame Spalte und das peinliche Verkrümeln ihrer Unantastbarkeit.

Die Zeit ist jetzt abgelaufen. Das Spiel ist verloren. Denn es ging nie um die Zeit oder um das Warten. Es ging darum, zu verstehen, dass ich keine Mitspielerin bin. Es ging darum, anzunehmen, dass es keine Gegenseitigkeit gibt. Sein Blick verdunkelt sich und wendet sich nach innen, um die Erkenntnis zuzulassen. Eine leichte Verwirrung wird im Raum spürbar. Vielleicht auch Wut und Enttäuschung seinerseits.

Dann sagt Pierre-François mit lauter Überzeugung wie eine offizielle Ankündigung: „Spätestens bis zu Weihnachten werde ich meiner Lebenspartnerin begegnen."

Meine hellsichtige Wahrnehmung zeigt mir, dass er sich mit einem Orakel beschäftigt, das ihm diese Nachricht enthüllt. Seine Intuition und seine Zukunftsprojektionen haben ihn aber schon mehrmals in die Irre geführt. Seine Wahrsagerei spiegelt ihm eher sein Wunschdenken zurück. Möge er neue Hoffnung daraus schöpfen. Bitte ohne mich.

Wahrsagen verbirgt die große Gefahr, die eigenen Wünsche zu projizieren, anstatt realistische Möglichkeiten darzustellen. Vor einigen Jahren bestand die Möglichkeit, die Zukunft mit einem höheren Grad der Wahrscheinlichkeit vorherzusehen, als es aktuell der Fall ist. „Warum ist das so?" werden Sie fragen. Das menschliche Verhalten ist weniger leicht festzuhalten, einerseits weil vorhandene mögliche Gelegenheiten vielfältiger sind, anderseits weil mehr Menschen ihre Selbstverantwortung und ihren Freien Willen verwenden, um ihren individuellen Weg zu gehen. Das ist eine erfreuliche Nachricht: die selbstbestimmte Einstellung, die durch das Erwachen der Seele ermöglicht wird, bietet andere Evolutionspfade als die einschränkenden Kanäle der neuen kontrollierenden Weltordnung. Niemand weiß wirklich, wie die Zukunft der Erde sich gestaltet oder wie lange die eine Entwicklung oder die andere benötigt wird. Persönlich schränke ich mich auf die in der Gegenwart geankerten Tendenzen ein, die entweder gestärkt, umgewandelt, geheilt oder aufgegeben werden, um einer erfüllenden Zukunft im Einklang mit der Seele des Klienten Form zu geben. Das ist eine aktive, kreative und mitgestaltende Arbeit an sich in Selbstverantwortung und Freiheit. Im Gegensatz zu einer Aussage, die möglicherweise die Handlungsweise festsetzt oder wie in Pierre-François' Fall in einem Wunschdenken (oder noch schlimmer einer negativen Projektion) einsperrt. Nehmen wir unser Schicksal wachsam, selbstgestalterisch und zuversichtlich in die eigene Hand. Sein Beispiel ist das einer tragikomischen Persönlichkeit, die mehr in sein Orakel starrt, als sie die Frau vor sich betrachtet. Wo ist die Realität? In den Karten, im Kaffeesatz, in den Würfeln, im Kopf oder in der Interaktion zwischen den in umgebenden Ereignissen eingebetteten Mitmenschen und dem Selbst?

Da liegt eine wichtige Botschaft für mich sowie eine Bestätigung meiner sorgfältigen Aussagen und meiner achtsamen Schritte in die Zukunft und in der Handhabung bestimmter Projekte. So gehe ich persönlich voran immer im Einklang mit meiner inneren Stimme. Ebenso berate ich meine Klienten. Darüber hinaus bestehe ich auf Reality Checks, um festzustellen was sich wirklich tut und wie es mir dabei geht. Es können wohl enttäuschende Erkenntnisse auftauchen, die neue unerwartete oder unerwünschte Einsichten mit sich bergen. Ein seelischer Schmerz mag spürbar sein, eine wachrüttelnde Erkenntnis kann einen neuen Weg bezeichnen und einen, der sich nicht bewährt, aufzugeben. Ich bin eine Wachrüttlerin für Pierre-François, wenn er mich in dieser Rolle akzeptieren kann. Wenn nicht, kann er mich als eine prüde, nichts essende Tante mit verstummten unteren Chakren sehen. Die Betrachtung liegt in seinen Augen und seiner Bereitschaft sich zu öffnen – nämlich sich infrage zu stellen und große Fortschritte zu machen. Ich mache das Beste aus der Situation, schöpfe noch mehr Kraft aus meinem Inneren und vor allem erfreue ich mich über die schönen, lehrreichen Momente und lache aus ganzem Herzen über die schrägen!

Schweigend trage ich meinen Koffer hinaus vor die Haupt-Tür des Hauses. Diese Bewegung ist in sich durchaus unnötig. Symbolisch aber verlasse ich seine Welt der Täuschung, der Vermeidung der ehrlichen und direkten Konfrontation mit den Themen seines Lebens. Die nächste Verführung bahnt sich an. Sie findet unabhängig von der Frau statt, da sie mit der Frau selbst nichts zu tun hat. Sie ist eine ewige Wiederholung, ein sich selbst erfüllendes hohles Spiel, das ihn in seiner Unwiderstehlichkeit wieder einmal bestätigen soll.

Von der Treppe hinunterblickend auf den vernachlässigten Garten verabschiede ich mich innerlich, ohne mich zu bedanken, von diesem Ort, wohin ich nie mehr zurückkehren werde.

Es ist viel zu früh. Trotzdem fahren wir schon jetzt los. Nichts hält mich hier zurück. Im Gegenteil stehe ich schon seit Tagen in einer angespannten Startposition mit allen Muskeln parat. Pierre-François möchte mir noch etwas aus dem Garten zeigen. Auch wenn ich nicht genau begriffen habe, worum es geht, unterbinde ich eilig seinen Vorschlag. Ich fürchte zu spät am Bahnhof anzukommen: diese Ausrede fällt mir im letzten Moment ein. Denn wir wollen doch gerade jetzt keine spannende Geschichte mehr schreiben. Los, es ist Zeit, sage ich ungeduldig und sitze schon im Auto!

Der Weg zum Bahnhof kommt mir unendlich lang vor. Die Stille zwischen Pierre-François und mir ist schwer. „Man könnte sie mit dem Messer schneiden" sagte gerne meine Mutter zu einer solchen Stimmung. „Noch besser, mit einer Säge", würde ich hinzufügen. Ich zittere fast vor Freude an den Gedanken, dass ich gleich weg bin. Weg von diesem uninteressanten Ort. Aber vor allem weg von diesem Mann, der zwischen seinem Wunschdenken und der Realität nicht unterscheiden kann, der seinem Trieb so hörig ist, dass er meint mit ständiger Wiederholung, eine Frau zu überzeugen, die ihm keine gegenseitigen Gefühle entgegenbringt, von diesem Mann, der auf sein Leben mit Unzufriedenheit zurückschaut. Traurig.

Die unerwiderte Liebe, die er jetzt annehmen muss, mag ihn vielleicht zu Überlegungen führen. Der Mangel an Kommunikation, die Unfähigkeit, einen vernünftigen Austausch durchzuführen, die Erkenntnisse, die wir gemeinsam hätten gewinnen können… Ich bin aber keine Frau, die lange trauert. Nehmen wir die Situation an, wie sie vorläufig und konkret ist. Wir haben genug Stunden miteinander um den großen Holztisch verbracht. Zu spät für Reue!

Kaum nähern wir uns dem Bahnhof, dass Marie schon freudig winkt. Sie ist extra gekommen, um sich von mir zu verabschieden. Es berührt mich. Es hätte aber wirklich nicht sein müssen. Zumindest wird sie sich freuen. Sie ist Feuer und Flamme und umarmt mich und erzählt pausenlos. Sie drückt mich fest an ihren großen weichen Busen, als wäre ich ein Kind. Ihr gefühlvoller Abschied scheint mir fast unangemessen, denn wir haben uns erst vor ein paar Tagen kennengelernt. Es war zwar schön mit und bei ihr, aber wir sind doch keine „Busenfreundinnen".

Dann graust es mir, mich von Pierre-François zu verabschieden. "Nur schnell und ciao" nehme ich mir vor. Ich habe keine Lust mich zu bedanken. Sonst müsste ich auch sagen: „Sehr außerordentlich war es in der Tat, dein echtes Gesicht hinter der Fassade zu entdecken. Und unerhört war es ebenso, mir Flöhe bei dir zu holen." Stattdessen führen wir das übliche Ritual aus: rechte Backe, linke Backe. Aber dann fährt er weiter: wieder einmal rechts und wieder einmal links. Durch den Überraschungseffekt bin ich mitgerissen und empfinde Ekel für diese unerwünschte Nähe. Küsst man sich vier Mal hintereinander in dieser Gegend? Nein, er hat schlicht und einfach seinen Nachholbedarf durchgeboxt und wieder einmal eine respektlose Grenzüberschreitung begangen Ich starre ihn direkt in die Augen an. Sehr ernst und sehr zornig. Wortlos und mit entschiedenen Schritten begebe ich mich zum Bahnsteig. Ohne mich umzudrehen

Da es nur zwei Gleise gibt, finde ich gleich das richtige, jedoch ist es in einen Süd- und Nord-Sektor eingeteilt, was ich nicht auf Anhieb begreife. Ich merke, ich bin leicht verstört vom Abschied, der im schattigen Bahnhofsgebäude stattgefunden hat. Am Bahnsteig bin ich geblendet von der Sonne und ich fühle mich für einen Augenblick desorientiert. Innerlich bin ich darüber wütend, dass dieser Mensch bis zum letzten Moment meine Abgrenzung misachtet. Dieses Spiel ist eine regelrechte Machtausübung sowie ein Verstoß gegen den Willen der gegenüberstehenden Frau.

Nein, das ist nicht zu verharmlosen! Ich dulde kein Argument, das lautet „Er hat doch nichts getan", „Das ist nicht so schlimm". Ich nehme auch keine Ausrede an, die solches Benehmen als Zuneigung zu mir oder gar einen Liebesausdruck darin sehen will. Wer solches andauerndes Verhalten toleriert, bejaht und untermauert weitere Angriffe gegen den Willen der Frau bis zur Vergewaltigung.

Wollen wir bitte ein für alle Mal klar und deutlich sein: Liebe bedeutet respektvoller und achtsamer Umgang mit Mitmenschen und vor allem gegenseitiges Einvernehmen. Außerdem fügt Liebe keinen Schmerz zu. Pierre-François' Verhalten ist ein selbstbezogenes und rücksichtsloses Übertreten der Unversehrtheit seines Gegenübers. Er entpuppt sich als Egoist, der sich nimmt, was ihm nicht zusteht. Im materiellen Sinne wird das „stehlen" genannt. Moralisch gesehen scheint eine solche Geste keine Bezeichnung zu besitzen. Oder ich kenne keine, außer

Manipulation, Grenzüberschreitung, nehmen, was einem nicht freiwillig und nicht von Herzen gegeben wird. Was gestohlen ist, kommt einem nie zugute, denn die Gedankenformen umhüllen stets sei es den Gegenstand, das Ereignis oder das Verhalten. Nehmen ohne Zustimmung ist ein Akt gegen das natürliche Gleichgewicht, denn er ist nie mit Dankbarkeit verbunden und eigentlich auch ohne Freude.

Warum etwas erzwingen, wenn man alles dadurch verliert, nämlich die Achtung, den wahrhaftigen Austausch, die Bereicherung der Gegenseitigkeit, auch wenn man sich nicht über alles einigen kann. Es sind so viele Bereiche, die Seele und Herz erfüllen können.

Stammt dieses Erzwingen aus dem Empfinden, dass man grundsätzlich nicht würdig ist, zu empfangen, was einem zusteht? Wer annehmen kann, was in Resonanz mit seiner Seele steht, wird von Geschenken überhäuft, so dass alle Ebenen des Wesens erfüllt sind und eine Art Wunschlosigkeit oder Gnade sich einstellt. Das meine ich am wenigsten im materiellen Sinne, wobei die Bedürfnisse des Alltags ebenso versorgt werden, also nicht mehr und nicht weniger, als man braucht. Das Materielle ist jedoch nie Zweck und Sinn an und für sich. Das ist ein gewaltiges Missverständnis, das jedoch diese Gesellschaft prägt und unendlich viel Unglück und vergebliches Streben verursacht.

Wozu kämpfen oder erobern? Schlachtfeld und Liebe sind nicht zu vereinbaren. Diese Prinzipien versinnbildlichen eine pathologische Übertragung von Macho- und Macht-Gehabe, im Grunde genommen, um seine Nichtigkeit aufzublasen. Bei mir völlig fruchtlos, denn es kommt nicht an. Und ruft sogar eine Gegenreaktion hervor. Somit ist alles verloren.

Ich stehe am Bahnsteig. Ich habe noch Zeit, bis der Zug kommt. Es ist so warm, dass ich versuche einen Pulli in den schon überfüllten Koffer zu verstauen. Ich bücke mich über dem breit offenen Gepäckstück, als ich höre, wie mein Name mehrmals gerufen wird laut und schnell.

Außer Atem eilt Véronique auf mich zu. "Ich habe mich beeilt, ich bin so schnell auf der Autobahn gefahren. Es hat alles länger gedauert beim Arbeitsamt. Ich wollte mich unbedingt bei dir bedanken. Du warst so gut zu mir. Du hast mir sehr geholfen. Du hast mir Glück gebracht. Die Beraterin hat mir gesagt, ich hätte das Recht auf eine finanzielle Unterstützung, solange der Vater der Kinder nicht zahlt. Ich bin so froh! Endlich ein neuer Anfang für mich!" Und so spricht sie weiter schnell und abgehackt. Alles durcheinander. Ich bin zutiefst berührt. Wir umarmen uns herzlich. Ich spüre eine warme Verbindung zu ihr.

Vielleicht bin ich für Véronique hierher gereist. Ich habe einige falsche Erwartungen geklärt, neue Einsichten in karmischen Zusammenhängen abgewogen und mich davon befreit. Und möge mein spiritueller Lehrer und gastfreundlicher Verführer einige Erkenntnisse zusammentragen und sein Leben glücklich genießen.

Niemand erwähnt die Zukunft. Der Zeitpunkt nach diesem Augenblick wird nicht mit einbezogen. Nicht einmal „Gute Reise". Aber auch nicht „Wir bleiben in Kontakt" oder „Melde dich" oder "Wir telefonieren" oder "Vielleicht kommst du wieder" oder „Wann sehen wir uns wieder?" Ein Besuch ohne Zukunft. Ohne Konsequenzen.

Nun bin ich froh, alleine im Zug zu sitzen. Ich freue mich auf die Großstadt. Ich freue mich nach Hause zu fliegen. Diesen Moment erlebe ich als eine Befreiung. Noch habe ich keine Ahnung, wie ich mit Pierre-François verbleiben möchte.

Zuerst lasse ich die Erinnerungen und die Empfindungen wirken. Dann schaffe ich einen Raum, um meiner inneren Stimme zuzuhören und auch um „Zufälle" und Zeichen zuzulassen. Während dieser Zeit vergesse ich die ganze Angelegenheit und genieße meine Freiheit.

In Paris bestelle ich einen Kaffee auf einer Strassenterrasse. Ein Inbegriff der Großstadt für mich, etwas Überflüssiges überhaupt, das man auf dem Lande gar nicht braucht. Eigentlich auch nicht in der Stadt. Haben alle diese auf der Terrasse sitzenden Leute keinen Kaffee zu Hause? Endlich gönne ich mir diese symbolische Tasse Kaffee. Lange darf ich nicht verweilen, denn die Reise geht erst richtig los.

Im Flugzeug bin ich noch nicht imstande die Ereignisse der Woche von mir wegzuschieben. Zwar bin ich in einer freien Umgebung aber die letzten Eindrücke beschäftigen mich weiter. Die Abschiedsküsse verfolgen mich mit einem sehr unangenehmen Nachgeschmack. Ich denke an Marie, ich kann aber keineswegs unterscheiden, wie sie auf mein Verhalten reagiert: ob sie meine Abreise willkommen heißt, weil sie jetzt Pierre-François ganz für sich hat? Ob sie über mein Verhalten beim Abschied entsetzt ist? Vielleicht hat sie die Einzelheiten nicht einmal registriert? Ich wünsche Marie alles Gute. Möge ihre Idealisierung ihres Traummannes nicht zu abrupt enttäuscht werden.

Äußerst berührt bin ich von Véroniques unerwarteter Erscheinung am Bahnsteig. Für sie habe ich eine echte Anteilnahme und ich freue mich sehr auf die positive Unterstützung vom Arbeitsamt. Etwas besorgt bin ich über die Verantwortung, die sie sich mit dem jungen Schizophrenen aufgebürdet hat.

Von ihm bekam ich noch einen kurzen Blick, bevor ich ins Auto stieg. Sein Zustand schien schlechter sogar akuter geworden. Zum Schluss erblickte ich endlich seine verwirrten, beängstigten Augen. Es wurde nichts unternommen, auch nicht von einem Geistheiler oder von jemandem, der ihn von seiner Besessenheit befreien sollte, wie Pierre-François in die Wege leiten wollte. Diese Situation betrachte ich als Besorgnis erregend für alle Mitbeteiligten.

Ich schüttle mich wie ein Hund, um diese Gedanken von mir abzuschütteln. Ich muss einsehen, dass es nicht meine Geschichte ist und die fremden karmischen Wege hier stehen lassen. So viel Leiden, bei dem geholfen werden könnte! Oder mit ein wenig Vernunft vorgebeugt werden sollte, denn da braucht es keine Hellsichtigkeit oder psychiatrische Erfahrung: das kann nicht gut werden.

Während des Fliegens schweifen meine Gedanken zu einer Kollegin. Eine Therapeutin, die ich für ihre Intelligenz, ihre Integrität und ihre Zuverlässigkeit sehr schätzte. Sie erzählte mir von einem Vorfall mit einem Therapeuten, der ihr anbot, sie in seinem Team aufzunehmen und ihr einen Praxisraum zu vermieten. Sie hatten sich in der Praxis verabredet, um die Bedingungen zu besprechen. Als es so weit war und gerade, als sie sich vorbereitete Ihr Haus zu verlassen, bekam sie einen Anruf vom besagten Kollegen, der sich zwischenzeitlich umentschieden hatte und sie zu sich nach Hause vorlud.

Und so fährt, nennen wir sie Brigitte, zu ihrem Termin in den privaten Räumen des Therapeuten, den sie beruflich und eher oberflächlich kennt. Brigitte ist eine attraktive, selbstbewusste Frau um die vierzig, weltbereist, sehr kompetent und angesehen in ihrer Spezialität. Darüber hinaus ist sie verheiratet und Mutter von zwei Kindern. Beide Therapeuten unterhalten sich über Raumbelegung und Kosten, wie es sich in diesem Rahmen gehört. Als sie alles besprochen haben und Brigitte ihren letzten Schluck Tee zu sich nimmt, merkt sie eine Veränderung im Verhalten ihres Gegenübers. Aus heiterem Himmel schlägt er vor, sie soll sich ausziehen und sie würden beide zusammenliegen, damit er ihre Energien spürt. Erstaunt und meinend, dass sie etwas Falsches verstanden hat, lächelt sie verlegen und sagt stotternd: „Wie bitte, ich habe nicht verstanden?" Unverfroren wiederholt der Protagonist die Anweisung, die sie energisch ablehnt. Auf dieser Basis gibt es überhaupt keine Möglichkeit der Zusammenarbeit. Verängstigt und zitternd verlässt sie die Wohnräume des frechen Mannes. Und auch mit einer Ladung Zorn. Wie ist ein solches Verhalten einzuordnen? Verhält er sich auch so mit Klientinnen?

Ist das kein Übergriff? Ist da keine Überschreitung des Berufsvertrauens, das unentbehrlich zu jeder Zusammenarbeit gehört? Geht es nicht um eine Übertretung des persönlichen Raums, um eine Grenzverletzung des grundsätzlichen Respekts, der jedem Menschen zusteht? Mein Schluss ist, dass es sich um ein verbreitetes Machtgehabe, pathologisches Denken und Gewaltverhalten handelt, das es sehr effizient gilt, zu beenden, indem es thematisiert wird. Auch indem Frauen sich psychologisch und körperlich geeignet dagegen wehren. Und zwar schon in der Kindheit darüber lernen. Leider schämen sich noch sehr viele und verdrängen das Ereignis in die Einsamkeit des mangelnden Selbstwertes und des gegen sich selbst gerichteten Hasses. Verständnis, Zuhören, Ermutigung von Mitfrauen, Familie und last but not least vom Partner sind dringend nötig. Anstatt erniedrigender Witze und Verharmlosung. Denn Verbrechen wie Vergewaltigungen und andere Gewaltübergriffe dieser Sorte fangen erstmals im Kopf und in Vorstadien der Respektlosigkeit an. Die Feigheit und die Heuchelei liegen im Versteckspiel, was natürlich nicht „bewiesen" werden kann und jedoch tagtäglich, um sich herumgreift. Und dies im 21.

Jahrhundert. Es ist höchste Zeit in diesem Bereich einen riesigen Bewusstseinssprung zu machen, denn hier gibt es keine großartigen Fortschritte, wie sie uns in der Technik und der digitalen Welt vorgegaukelt werden. Weit im Materiellen, rückständig im Bewusstsein: dadurch entsteht eine verzerrte Realität wie in diesen Spiegeln, die einen mal groß, mal klein, mal dünn, mal dick erscheinen lassen. Wir meinen viel weiter zu sein, als wir wirklich sind. Fangen wir doch mit einer gesunden Basis an und sie will gründlich bis in die alten verzwickten Ecken bereinigt werden.

Diese Äußerungen gelten genauso für männliche Personen, deren innewohnender Wille und Grenzen überschritten werden sei es von anderen Männern oder von Frauen.

Ich sitze noch ein Stündchen in der S-Bahn und bin dann gleich zu Hause in meiner Welt. Die graue, leicht regnerische Stimmung setzt den Rahmen für schweifende Gedanken, die sich immer wieder um meinen Aufenthalt in der Normandie drehen. Unwillkürlich kehren sie immer wieder zurück zu einer der mehreren Autofahrten, die ich mit Pierre-François machte. Unmittelbar weiß ich nicht genau, worum es geht. Doch, den Eindruck bekomme ich zumindestens, dass er gerne die Fahrtzeit mit aufdringlichen Gesprächen verbrachte. Weiter schaue ich in die vertraute flache Landschaft, die für mich zwar nicht so besonders ist, mich jedoch jedes Mal wieder neu erfreut, wenn ich von einer Reise zurück bin. Unvermittelt spüre ich seine Hand auf meinem linken Knie.

„Was!" spreche ich leise aber bestürzt aus. Das hatte ich vollkommen verdrängt! Ich weiß nicht mehr, wann das stattfand, vielleicht am dritten Tag meines Aufenthaltes? "Ich kann es chronologisch nicht mehr einordnen, denn es war doch eine ereignisreiche Woche. Stell dir vor! Der Idiot erlaubt sich so etwas, ohne meine Zustimmung!" Wahrlich hatte ich diese Geste nicht klar gespeichert. Jetzt wo sie mir wieder in den Sinn kommt, bin ich erneut entsetzt, muss aber feststellen, dass ich mit den Jahren doch milder geworden bin.

Ich erinnere mich an einen Vorfall, als ich mit 18 in Irland war, per Anhalter. Ein eher unsicherer Fahrer tat genau das, seine Hand unerlaubt und uneingeladen auf mein Knie legen, was mich sehr wütend stimmte. Ich verlangte, dass er sofort anhält und mich aus dem Auto herauslässt. Was er auf der Stelle tat. Im Nu stand ich völlig desorientiert mitten in der Landschaft (countryside). Kein Auto fährt vorbei, die Gegend ist völlig abgelegen. Frustriert mache ich mir Vorwürfe: Das war wieder eine super impulsive Reaktion, ohne an die Folgen zu denken. Jetzt kommst du nicht weg von der Stelle. Es sieht aus nach Regen. Und bald wird es Nacht. Die hoffnungslose Litanei geht mir selbst auf die Nerven. Ich raffe mich zusammen und gehe in die Richtung, die meine Intuition zeigt. Das war die richtige Handlung! Mich sofort wehren. Keinen Blödsinn dulden! Raus aus dem Schlamassel. Das ist die Bestätigung meiner inneren Stimme.

Offengestanden ist der Kontext bei Pierre-François anders. Zwar handle ich ganz anders als mit 18 Jahren, trotzdem sehr effizient. Am liebsten hätte ich ihm eine Ohrfeige gegeben, was beim Fahren keine gute Idee ist. Wir wollen bestimmt keine Purzelbäume samt Auto auf einer gut befahrenen Straße. Und damit meine ich keineswegs „französische Purzelbäume", sondern einen Unfall verursachen. Dafür vermittle ich ihm die Botschaft telepathisch und energetisch auch noch. Ich entziehe die ganze Energie aus meinem Bein, so dass es sich wie ein Stück tote Materie anfühlt: kalt und leblos. Ich kann beobachten, wie die Aura meines Beines praktisch verschwindet. Nach dem Motto: da ist nix. Mit Schreck in den Augen schaut er mich von der Seite an. Den Trick kennt er nicht. „Schau auf die Straße und behalte deine Hände für dich, wenn du fährst" sage ich noch sarkastisch. Jetzt in der S-Bahn und im Nachhinein würde ich am liebsten lauthals lachen.

Wie ich mich freue, wieder zu Hause zu sein!

NACH DEM AUFENTHALT IN DER NORMANDIE

Mein Vater. Abwägen. Véronique. Der strahlende, multidimensionale Mensch. Bellas besitzergreifende Liebe. Karmische Zusammenhänge. Jenseits der Scheinwelt. Loslassen. Widmung des Buches an Véronique und andere Frauen.

Während meiner restlichen Zeit in der Normandie habe ich nichts Weiteres über meinen Vater gehört. Es ist klar, dass keine Besserung zu erwarten ist, jedoch wird sein vorläufiger Zustand durch grundsätzliche Pflege aufrechterhalten. Meine Schwestern besuchen ihn regelmäßig und lassen ihm ihre ganze Liebe und Achtsamkeit zukommen. Dafür bin ich ihnen unendlich dankbar. Die Demenz unseres Vaters zieht sich schon über Jahre hin und ich wünsche ihm, dass der endgültige Kraftabbau und die schlussendliche Befreiung bald erfolgt. Ich unterstütze ihn weiterhin mit meiner geistigen Arbeit.

Der Aufenthalt bei Pierre-François verlangt eine gründliche Verarbeitung. Ich werde eine ausschlaggebende Entscheidung treffen und mich Pierre-François gegenüber deutlich positionieren. Der geographische und der emotionelle Abstand verleihen mir eine willkommene Pause, um die Situation abzuwägen. Ehrlich gesagt ist der Entschluss schon gefasst.

Jedoch würde ich gerne manches noch gründlich erörtern. Mich würde interessieren, welche Schlüsse unser Freund aus der ganzen Übung gezogen hat. Obwohl ich der Ansicht bin, dass ich seine relativ einfache psychische innere Landschaft durchschaut habe, wäre es fair, ihn zur Rede zu stellen und seine Betrachtungsweise miteinzubeziehen. Vielleicht ergibt sich in ein paar Monaten ein etwas differenzierter einsichtsvoller Austausch. Wenn das nicht zu viel verlangt ist.

Véronique gegenüber fühle ich eine gewisse Verpflichtung. Nicht nur für ihre gegenwärtige Lage, sondern wegen schwerwiegenden Erlebnissen aus ihrer Vergangenheit, zugleich auch weil sie ein Potential als Heilerin mitgebracht hat. Sie besitzt die Eigenschaften und Begabungen einer Therapeutin. Selbstverständlich erst wenn sie ihre gegenwärtigen Schwierigkeiten verarbeitet hat und die notwendigen Ausbildungen veranlasst hat. Ihr Weg ist noch lang aber die Veranlagungen sind vorhanden. Bevor sie ihre Seelenaufgabe erfüllt, muss sie selbst durch „die dunkle Nacht" der Seele hindurch. Sie ist eine Spätentwicklerin. In ihrer Aura ist es deutlich zu sehen, dass ihre Seele, das erforderliche Potential mitgebracht hat, um sich und andere Menschen durch ihre transformative Kraft zu heilen. Ich würde sie gerne auf ihrem Weg dahin begleiten, wenn ich darf.

Bezüglich Véronique gibt es ein Ereignis, das ich während meines Normandie-Aufenthaltes verdrängt habe. Schon am ersten Tag erzählte mir ihr Vater, dass sie von ihrem geschiedenen Mann in einem Hauseingang und am hellen Tag irgendwo in einem umliegenden Städtchen vergewaltigt wurde. Sofort fragte ich: Bist du mit ihr zur Polizei gegangen? Habt ihr eine Anzeige erstattet? Hat sie medizinische Beweise? Hat deine Tochter psychologische Unterstützung und Betreuung erhalten? Pierre-François, in seinem ihm üblichen „über die Dinge" stehenden Haltung erwidert, „man" hätte schon die Situation verarbeitet, dass sich hier jeder kennt, man "wollte keine unnötigen Probleme" veranlassen und weiteres lahmes Gerede. Entsetzt meine ich, es gäbe heutzutage Gesetze und es sei zu erwarten, dass die

Polizeibeamten sich damit ernsthaft beschäftigen und dass geeignete Unterstützung von sozialen Einrichtungen angeboten wird. Eine ausweichende, resignierte Antwort bezüglich der finanziellen Armut und allgemeiner Unzulänglichkeit der hiesigen Gemeinde-Strukturen, ist alles, was Pierre-François über die Lippen bringen kann. Diese Äußerungen will ich gleich anfechten: es gibt so viele hingebungsvolle Menschen, die in diesen Berufen tätig sind und unermüdlich um therapeutische und rechtliche Veränderungen kämpfen. Auch wenn das erwünschte oder optimale Ziel nicht erreicht wird, muss jede Vergewaltigung polizeilich gemeldet werden... Und was ist mit den Zeugen in solchen Städtchen, wo jeder doch alles mitkriegt, was passiert? Hat keiner geholfen, keiner es gesehen? Halten sie alle die Klappe zu? Ich habe Mühe meine Contenance zu behalten. Aber Pierre-François behauptet, Véronique sei jetzt ganz in Ordnung. Sie wohne ja bei ihm.

Zu diesem Zeitpunkt meinte ich noch, mein Gastgeber sei ein fähiger Heiler und dass er seiner eigenen Tochter, das Beste seiner mächtigen Kunst hätte zukommen lassen. Der „Nix-Könner" versteckte sich noch hinter seinen überzeugenden Allüren. Nehmen wir die Masken herunter und schauen wir, was sich dahinter verbirgt. Zuerst mögen verworrene Dinge zum Vorschein kommen: Motivationen, Streben, psychische Verletzungen, Ängste, Missverständnisse sowie weitere Faktoren, die den Menschen prägen und steuern. Wenn wir sie eins nach dem anderen in aller Klarheit und mit viel Mut abtragen und ablegen, wird das Wesen(tliche) in seiner blendenden Herrlichkeit erstrahlen. Das Wesen hinter der Persönlichkeit, die Essenz hinter dem Verzerrten. Ich weiß nicht, was Pierre-François dazu führt sich so zu verhalten wie er es tut. Ich begreife noch nicht das ganze Ausmaß meiner Begegnung mit diesem Lehrer / Verführer / Ägyptischer Priester.

Ich trage tief in mir eine erfreuliche Nachricht: Das Strahlende an dem essenziellen Wesen erblickt schon die dunkelsten Ecken des persönlichen Ausdrucks. Da schau gerade bei dir, wie diese augenblickliche Aufnahme des Göttlichen durchleuchtet! Ja, hier genau in diesem spontanen Selfie der Seele: ein Lichtwesen in menschlicher Gestalt leuchtet und sucht andere funkelnde strahlende Wesen! Vergessen, ignoriert und verdrängt haben sie ihr Licht schon seit Äonen, seit die Dunklen sich auf Erden eingenistet haben...Vergraben haben sie ihre Leuchtkraft tief im wohlwollenden Schoß der Mutter Erde. So tief versenkt, dass sie nicht mehr wissen, wo der Schatz liegt! Und sie suchen in die Ferne und in die Weite bis zum nächsten Planeten, um dort auch zu graben und zu erkunden. Halt! Falsche Richtung! Zurück, kommt zurück zum Startpunkt, zurück zum strahlenden Funken tief im irdischen Wesen. Aus dieser Perspektive sind die Wunder in multidimensionaler und menschlicher Form im hier und jetzt zu empfangen. Das in seinem Unwissen inkarnierte Göttliche ist am Erwachen!

Das ist keine blinde mystische Rhetorik, sondern eine Einladung um nach inneren, leisen Geschenken Ausschau zu halten. Eine Einladung zu speleologischen Erkundungen der seelischen unterirdischen Gänge übersättigt mit funkelnden Kristallen und anderen wertvollen noch im Muttergestein umhüllten Diamanten. Zur Ausrüstung benötigt man gute Schuhe, eine Stirnlampe und ganz viel Mut. Ja, spiritueller Mut und vor allem: „Nicht vergessen, die Stirnlampe anzumachen! Bitte festhalten, denn es besteht die Gefahr in die Abgründe zu rutschen." Nein, ich bitte darum: keine Verherrlichung des Abgrundes! Nein, genug davon im Alltag, in den Medien, in der Kunst. Ist es machbar, die Dinge nicht unter den Teppich zu kehren, sondern sie anzupacken und gleichzeitig die Stirnlampe, das dritte Auge der unabdingbaren Absicht auf das strahlende, blendende Licht zu richten? Das ist mein Streben, auch wenn ich unwillkürlich in die gelegentliche Verblendung hineinrutsche und der Blender sich als täuschender ätherischer Geist outet.

Das ist die Geschichte von Véronique und der Grund, warum ich sie nicht im Stich lassen will: Ihr Potential, ihr Leidensweg und vor allem das Vertrauen, das sie in mich gesetzt hat. Auch wenn keine zukünftigen Abmachungen bestehen, fühle ich mich noch lange mit ihr verbunden und irgendwie ihr verpflichtet.

Den Kontakt zu Véronique habe ich ausschließlich über Pierre-François. Nach einigen Wochen rufe ich ihn an und beabsichtige einen inhaltvollen Austausch, der möglicherweise durch den zeitlichen und räumlichen Abstand an Einsicht und Erkenntnis gereift und bereichert ist. Aber dieselbe leere Hülle begegnet mir am anderen Ende des Apparates wie schon bekannt. Das oui, oui Gerede und viele, liebe Küsse. Non, merci! Nicht nur ist es schwierig Pierre-François auf ein präzises Thema festzunageln, sondern er weicht unmittelbar aus mit einem rätselhaften: "Wieso denn? Es ist doch alles gut. Kein Problem, non, non." Offensichtlich steckt er in einer festen allgemeinen Verweigerung. Er will absolut nichts konfrontieren. Schweigen, nichts in Frage stellen, weiter wie gehabt? Nein, mein Lieber. In diesem Fall verzichte ich gänzlich auf unsere Bekanntschaft.

Wahrscheinlich bin ich vom enttäuschten Verführer zu der schon langen Liste von unzulänglichen Frauen verlegt worden: „Zu dünn, zu schweigsam, macht zwar Purzelbäume aber die Falschen nur auf der Yoga Matte. Noch hinzu dickköpfig, hartnäckig, autoritär und eine echte Revoluzzerin." Danke für die Komplimente. Er hat immer noch seine Traumfrau, worauf er seine Ideale projizieren kann. Die einzige Frau außer seiner Mutter, die etwas taugt. Immerhin.

Schauen wir doch, was Bella aus ihrer überirdischen Perspektive dazu sagt. Tatsächlich hat sie ihren Weg in der himmlischen Heimat gefunden. Jedoch ist sie noch mit Schuldgefühlen ihrer Schwester gegenüber verstrickt. Als ich sie auf der astralen Ebene besuche, wo sie sich jetzt befindet, wird etwas Erstaunliches aufgedeckt. Es ist ersichtlich, dass ihre Handlungen in diesem Leben ein Gegengewicht zu den Ereignissen einer vorherigen Inkarnation darstellen. Damit meine ich folgendes: vor vielen Leben war die Frau, die in diesem Leben Bellas Schwester ist, die Geliebte eines berühmten Grafen, dessen Ehefrau in Verzweiflung und Verlassenheit starb. Selbstverständlich war Bella die damalige verratene Frau, die an einer unklaren kraftzehrenden Erkrankung zugrunde ging. Ich betrachte, wie die damalige Schlossherrin vor langer Zeit immer schwächer wird, wogegen ihre Hass- und Rachegefühle immer mehr Platz in ihrem Leben einnehmen. Das Dramatische ist, dass sie sie ins Jenseits mitnimmt. Am Ende dieser Inkarnation als von ihrer Schwester verratene Gräfin, hat sie alles verloren: Ehre, Ansehen, Schönheit und Ruhm, ihre schwesterliche Zuneigung sowie die ewige Liebe, die der Graf ihr versprochen hatte. Lange Zeit später, einige Jahrzehnte in unserer Zeitrechnung inkarniert sie wieder als Frau mit dem Hintergedanken einen Ausgleich zu schaffen. Bella wird als kleine Schwester Floras geboren. Beide sind mit inniger Liebe verbunden. So sehr, dass sie sehr viel miteinander teilen, auch als Flora Pierre-François heiratet. Sie ist vermehrt mit Geschäften ihres Schwagers involviert und ihre Arbeit wird so geschätzt, dass sie mit ihm für ein Jahr aus dienstlichen Gründen auf die Côte d´Azur umzieht. Nur bis die Firma richtig läuft, dazu haben alle drei zugestimmt, Pierre-François, seine Frau sowie ihre Schwester Bella. Sie rechnen damit, dass das Unternehmen im Süden sehr erfolgreich wird. Wenn die Finanzen stimmen, kehren sie dann zurück in die Normandie und leben glücklich und reich für immer und ewig. In der Tat läuft anfänglich alles nach Plan: die Zusammenarbeit ist gut gelaunt und trägt ihre Früchte und die Firma blüht zusehends. Der Erfolg ist verblüffend, die Einnahmen steigen jenseits jeder Hoffnung. Wie abgemacht fahren Schwägerin und Schwager regelmäßig nach Hause in die Normandie, respektive um die Schwester und Ehefrau zu besuchen. Im Leben aller drei jungen Menschen scheinen sich alle Wünsche zu verwirklichen. Das Paar und die Schwester sind restlos erfüllt.

Und so ist der Mensch, dass er immer weitere Wünsche hegt: das liegt in seiner Natur als Schöpfer. Auch vielleicht in seinem gierigen Aspekt? Tatsächlich bringt der Wunsch nach mehr Pierre-François und Bella immer näher. Anfänglich haben beide Hemmungen und nehmen Rücksicht auf die Ehefrau und Schwester. Bella leidet besonders. Sie widersteht lange Zeit Pierre-François' Annäherungen, bis er vermehrt seine hedonische Philosophie unterbreitet: wir sind hier, um glücklich zu sein. Ihre Geschichte nimmt viele Windungen an, bis der innere Drang und die äußere Zeit, sie unter Druck setzt. Bald müssen sie zurück in die Normandie. In sechs Monaten oder sogar früher, denn das Geschäft läuft so erfolgreich und hat sich im Süden so gut etabliert, dass man es eigentlich von Zuhause führen könnte. Aber es ist hier so schön, vielleicht bleiben wir doch ein wenig länger… Bellas letzte moralische Widerstände räumt Pierre-François mit seiner Liebesmagie.

„Bella, kannst du das mit Sicherheit behaupten? Das ist eine sehr ernste Aussage! Bist du sicher, dass er sein Wissen zu manipulativen und egoistischen Zwecken angewendet hat, um dich als seine Geliebte zu nehmen" fordere ich mit einer gewissen Strenge. „Deinerseits hast du deine karmischen

Belastungen mitgebracht, sie haben auch ihr Gewicht. Das darf man nicht außer Acht lassen".

„Er hat es mir gesagt und er hat es sofort umgesetzt. Ich glaubte nicht daran, aber dann habe ich die unwiderstehliche Anziehung gespürt, auch als ich noch sehr unsicher war, ob ich das mit ihm wirklich wollte.

„Wie hast du das beobachtet?" lautet meine Frage.

„Ich hatte keinen eigenen Willen mehr. Wie keine Kraft im Geiste. Auch das Mitgefühl für meine Schwester war weg. Zuvor habe ich mich sehr um ihr Wohlergehen gekümmert. Dann bin ich ihr gegenüber immer gleichgültiger geworden. Ich habe nicht an die Folgen meiner Handlungen gedacht, besonders nicht an den Schmerz, den sie empfinden würde, wenn sie die Veränderung der Beziehung zwischen ihrem Mann und mir entdecken würde. Ich dachte nur noch an mich, an uns, an unser ungetrübtes Glück, das von einer unerwarteten materiellen Fülle getragen wurde."

„Wie lange hat sich diese Phase hingezogen" frage ich Bella noch, bevor die Kräfte langsam schwinden. Diese Art der Kommunikation kostet beiden Seiten viel Energie.

„Schlussendlich blieben wir zwei Jahre an der Côte d´Azur bis wir endlich in die Normandie zurückkehrten. Es war dann für alle klar, dass wir ein unzertrennliches Paar waren. Und dann war die Hölle los: zuerst mit meiner Schwester und der Scheidung zwischen den beiden, und dann als Ruhe einzukehren schien, wurde ich allmählich von unheimlichen Symptomen besucht, die mich innerhalb drei Jahren zu Ende verrichtet haben. Der Preis dieser Liebe war so hoch, dass ich Pierre-François nie mehr loslassen werde. Er ist mein ein und alles für immer und ewig, er gehört mir und mir alleine. Ich bin seine einzige wahre Liebe."

Somit verschwindet Bellas Präsenz. Die letzten Worte kann ich kaum vernehmen. Nach einer solchen Kommunikation bin ich leicht verwirrt und benommen und spüre einen typischen Kopfdruck. Ich muss mich bewegen, lüften, durchatmen, in einem Wort mich erden.

Eine romantische Liebe, meinen Sie, die sich jenseits von Raum und Zeit erstreckt? Nein, die Beweggründe sind egoistisch und basieren auf Rache und auf Besitzansprüchen. Ausgleich und unbewusste Vergeltung aus Bellas voriger Inkarnation sowie manipulative Bindungsmagie aus Pierre-François' Tricks-Kästchen. Auch wenn ich eine Verkleinerung verwende, will ich keineswegs die Angelegenheit verharmlosen.

Im Gegenteil trägt jede Handlung, die gegen ethische Regeln verstößt und den freien Willen des Gegenübers beeinträchtigt, karmische Folgen. Diese rufen nach Ausgleich und nicht, ich betone, nicht nach Strafe. Das Gegengewicht entspricht der grundlegenden Eigenschaft der Natur, immer wieder die Balance der Energien, der Ereignisse, des Körpers wiederherzustellen.

Und wer glaubt, Bella sei an einer unheilbaren Krankheit gestorben, weil sie zur Geliebten ihres Schwagers wurde, kann vielleicht einen anderen Grund in Erwägung ziehen. Die Ursache ihrer Erkrankung hängt zusammen mit ihren Schuldgefühlen und mit ihrer nagenden Reue ihrer Schwester gegenüber. Der magische Einfluss von Pierre-François durch die Partnerzusammenführung hat sie in eine Zwickmühle geführt, wo keine der beiden Möglichkeiten – ihm nicht zu verfallen sowie ihre Schwester nicht zu verletzen – für ihren moralischen Sinn akzeptabel sind. So erschien ihr die ausweglose Situation. Dem schicksalhaften zerrenden Dilemma unterlag sie allmählich durch ihre Lymphkrankheit.

Habe ich Ihre Freude an Liebesgeschichten betrübt? Die entmystifizierende Mystikerin, deckt unvermutete Verwicklungen auf. Natürlich gibt es die Liebe, die wahre Liebe, die die Seelen in Freiheit miteinander verbindet. Sie steht im Gegensatz zu Bindungen, denen die Protagonisten über Inkarnationen hinweg nicht entgehen können. Die reine Liebe wird völlig anders erlebt: sie hält niemanden an festgefahrenen Rollen fest. Vor allem verlangt sie keine Revanche.

Anders ist das Verhältnis zwischen Bella und Pierre-François. Ihre zwanghafte Bindung wird sie nicht freilassen. Zu seiner Lebzeit und in den nächsten karmischen Begegnungen wird er unfähig sein, sich von den Rückschlägen seiner Handlung und von Bellas besitzergreifender Wirkung zu entlassen. Auch in diesem Leben ist er nicht mehr imstande eine Beziehung zu einer Partnerin aufzubauen.

Diese Erkenntnis ergreift mein Herz. Mit Hilfe meiner höheren Instanz hätte ich die Fähigkeit, beide von diesem schweren Karma zu lösen. Ich überlege, ob ich Pierre-François telefonisch über mein Vorhaben aufklären soll. Parallel würde ich mit Bella energetisch und telepathisch arbeiten. Unentbehrlich ist jedoch die Zustimmung von beiden. Der Ausgang einer solchen Seelen-Befreiung würde beide Partner freistellen. Nach dieser Arbeit wäre die Beziehung nicht mehr erschwert, auch wenn die gespeicherten Erinnerungen einen vertrauten „Geschmack" der Verbindung verleihen würden, denn nichts wird vergessen. Nichtsdestotrotz würden beide Seelen über die Möglichkeit verfügen, eine unbelastete Paarbeziehung zu führen. Ebenso hätten sie die Wahl jede andere zwischenmenschliche Variation einer sich ergänzenden, kreativen und glücklichen Verbindung zu erleben.

Alle guten Taten und wohlwollende Absichten bleiben in den tiefsten Schichten der Seele und der Zellen gespeichert. Das ist, was positives Karma kennzeichnet. Ihre Liebe trägt in sich die Samen der Innigkeit und der Zuneigung, die ihre Beziehung mit Liebe prägt.

Die Bindung zwischen Bella und Pierre-François trägt noch schwere Konsequenzen mit sich, für einander gleicherweise zu der Schwester und geschiedenen Ehefrau sowie zu möglichen

Nachfolgern. Selbstverständlich würde es mir leichter fallen, mit Bella im Jenseits energetisch zu arbeiten, als telefonisch mit Pierre-François. Als ich versuche ein praktisch und ethisch funktionierendes Model aufzustellen, wird es mir schlagartig schlecht und ich bekomme das Bild eines weiblichen verzerrten Gesichts, das mich anschreit. Und gleichzeitig nehme ich einen Mann wahr, der mich ironisch und böswillig anlächelt. Schockiert erkenne ich sofort Pierre-François. Gleich darauf weiß ich genau, wer die Frau ist, die mir nichts Gutes will! Zweifellos sind die Beiden keine anderen als „meine Freunde" aus der Normandie! Augenblicklich verstehe ich die Botschaft: meine Einmischung wird definitiv nicht erwünscht. Ich muss mich davon weghalten und Pierre-François und Bella ihrem eigenen Rhythmus überlassen. Es ist nicht mehr meine Angelegenheit, ich soll Abstand nehmen von ihrem karmischen Weg und dessen Verarbeitung und Erlösung. Durch das Fortschreiten von Bella ins Licht ist schon viel Positives bewirkt worden. Momentan ist Zusätzliches nicht geeignet. Im Gegenteil würde es wiederum schicksalhafte Folgen mit sich tragen.

Nun soll ich selbst loslassen, mich bei dieser Familie aus tiefstem Herzen bedanken, sie mit allumfassender Liebe umhüllen und ihr die besten Wünsche für ihre nächsten karmischen Begegnungen zukommen lassen – natürlich telepathisch.

Von Véronique fällt es mir nicht leicht, mich zu verabschieden.

Mit Dank widme ich ihr dieses Buch sowie allen Frauen, die durch Erniedrigungen, Verletzungen und weitere Machtmissbräuche verhöhnt werden: mögen sie alle durch die heilende Kraft der Transformation, sich neu gebären und eine neue, mitfühlende Welt erschaffen, die von tiefen Einblicken in weltliche und kosmische Zusammenhänge Befreiung erlangt.

Am 09. Oktober 2018 verlässt mein geliebter Vater die irdische Ebene und schließt somit seine diesmalige Inkarnation ab. Dankbarkeit ist das einzig Wahre, das aus den kühlenden Aschen funkelt.

Die Zeitverkrümmung birgt Wunder des Lichtes, und lässt die sich vor uns liegende Zukunft in einer komprimierten und kompromisslosen Bewusstseinsentfaltung erstrahlen.

Literaturhinweise

Aurélienne Dauguet

Reiseführer zu deinen kosmischen Energien

Aura-Entdeckung

ISBN 978-3-944700-02-1 (Paperback)

ISBN 978-3-944700-12-0 (e-Book)

Alles was lebt, besitzt eine Aura.

Die Energien, die feinstofflichen Ausstrahlungen, wahrzunehmen, gehört zur natürlichen Begabung lebendiger Wesen. Diese wieder zu entdecken, eröffnet einen frischen, neuen Blick auf den Alltag und breite Horizonte.

Das Buch „Reiseführer zu deinen kosmischen Energien – Aura-Entdeckung" führt den Leser auf eine Entdeckungsreise in die verschiedenen Ebenen und Dimensionen der menschlichen Aura.

Es enthält sowohl theoretische Abhandlungen über die verschiedenen Schichten der Aura, wie den Ätherkörper, den Emotionalkörper oder den Mentalkörper, sowie auch praktische Übungen zum richtigen Umgang mit der Aura.

Letztlich wird das Buch für den Leser ein Reiseführer zu sich selbst.

Aurélienne Dauguet

AURATHERAPIE

für ÄRZTE, THERAPEUTEN

und interessierte LAIEN

ISBN 978-3-96051-055-0 (Paperback)

ISBN 978-3-96051-056-7 (Hardcover)

ISBN 978-3-96051-057-4 (e-Book)

Dieses Buch besteht aus zwei Teilen:

Im Lehrbuch liegt der Schwerpunkt auf dem theoretischen Hintergrund, auf der Aura sowie den unterschiedlichen feinstofflichen Schichten. Es werden energetische Zugänge zur feinstofflichen Anatomie betrachtet. Auf die verschiedenen Aurapathologien sowie auf ihre Begradigung wird ausführlich eingegangen. Der hellsichtige Zugang zu Vergangenheit und Zukunft, zu inkarnationellen Erfahrungen, zu prophylaktischer Aurapflege und zur Aurachirurgie werden vorgestellt und in den therapeutischen Rahmen eingebunden.

Das Praxisbuch beinhaltet praxisorientierte Übungen, die die subtilen Wahrnehmungen des Therapeuten schulen, und Techniken, welche die Aura und deren Dimensionen pflegen, schützen, klären, harmonisieren und behandeln. Es enthält auch Erfahrungsberichte, die die Theorie und die Umsetzung der Auratherapie untermauern, sowie Erfindungen der Autorin.

Aurélienne Dauguet

Mein neues Leben mit

der Lichtnahrung

ISBN 978-3-96240-554-0 (Paperback)

ISBN 978-3-96240-555-7 (Hardcover)

ISBN 978-3-96240-556-4 (e-Book)

Dies ist der Bericht über den Lichtnahrungsprozess der Autorin. Sie vertraut uns an, wie ihr die Umstellung von „normaler" Nahrung auf Photonen-Nahrung gelungen ist. Wir begleiten sie während des ersten Jahres ihres neuen Lebens mit der Lichtnahrung.

Diese Beschreibung ist authentisch, bodenständig, klar und schlicht.

Der Sinn ihres Beitrags liegt darin, das Verständnis und den geistigen Zugang zur Lichtnahrung menschlich und realistisch zu erleichtern.

Niemand soll hierzu ermutigt werden. Dieser Prozess ist ein rein innerer Vorgang, ein Ruf der Seele. Hier gibt es nichts zu beweisen und niemanden zu überzeugen.

Für die Autorin war die Entscheidung, sich von Prana zu ernähren, eine der wichtigsten in ihrem Leben, mit der Freiheit, die Lichtnahrung jederzeit zu beenden oder sie fortzusetzen.

Über die Autorin

Aurélienne Dauguet (geboren 1953 in Paris) verfügt seit ihrer Jugend über eine ausgeprägte feinstoffliche Wahrnehmungsfähigkeit.

Zunächst als Krankenschwester (Zusatz Psychiatrie) tätig, ist sie heute unter anderem Dozentin an den Paracelsus-Schulen in Deutschland und der Schweiz für Auratherapie, feinstoffliche Radionik, den Sterbeprozess aus ganzheitlicher Sicht, Geistiges Heilen etc.

Das aktuelle Unterrichts-Angebot ist bei den Paracelsus Schulen abrufbar.

Weiterbildungen: Lithotherapie, Aura-Arbeit, Aromatherapie, Blüten- und Edelsteinessenzen-Radiästhesie, feinstoffliche Radionik (ohne Gerät), „Radionic Practitioner" nach der „British Radionic Association" und mit David Tansley, Aura Soma Ausbildung mit Vicky Wall. Aurélienne Dauguet war Aura Soma Lehrerin.

Die Lehr- und Seminartätigkeit rund um das Thema Aura erfolgt europaweit.

Seit ca. 30 Jahren bietet sie sowohl in eigenen Räumen als auch per Telefon Lesen und Reinigen der Aura, Beratungen, Einzelsitzungen, Einzelunterricht sowie Fernunterstützung in deutscher, englischer und französischer Sprache an.

Bei Interesse siehe Kontaktdaten.

Kontakt:
Aurélienne Dauguet
Drachenseestr. 8A
81373 München
Tel: 0049-89/51818551